THE PHILOSOPHER QUEENS

20位追求真理、自由、正義、性別平權，
讓世界變得更好的哲學家

The Lives and Legacies of
Philosophy's Unsung Women

哲學家女王

蕾貝卡・巴斯頓、麗莎・懷廷 主編
林麗雪 譯

Edited by Rebecca Buxton
and Lisa Whiting

致姊妹們

特別感謝凱洛・艾德蒙（Carole Edmond）
對本書的大力支持

目錄

引言

大多數的人並不認為柏拉圖（Plato）的《理想國》（*Republic*）是一本有關女性主義思想的著作。當柏拉圖提出，女性和男性一樣，有能力領導他理想中的城邦時，他的思想其實遠遠超前於他的時代。透過蘇格拉底（Socrates）的聲音，柏拉圖主張，才智兼備的女性應該可以被遴選為與男性一起工作的護國者（Guardians）。柏拉圖將這些人命名為「哲學家國王」（Philosopher Kings），就像字面意義，他們將統治共和國，提供完美的哲學啟蒙，並為城市帶來和諧。

兩千年後的今天，你可能會原諒別人想當然耳地以為，從那之後，男人一直在做大部分的思考工作。女性似乎沒有實現柏拉圖的預言而成為偉大的思想家。或者，至少那是今天的哲學書籍與講座給人的印象。

哲學史也沒有為女性伸張正義，看看最近一些以哲學為主題的書籍就可以知道。在《偉大的哲學家：從蘇格拉底到圖靈》（*The Great Philosophers: From Socrates to Turing*）中，沒有一名女性入選。這本書的每一章都是由一位當代哲學家所撰寫，他們也全都是男性。在本書撰寫期間，格雷林（A. C. Grayling）的舊作《哲學史》（*The History of Philosophy*）重新出版，內容完全沒有女性哲學家的部分；倒是有一篇三頁半有關「女性主義思想」的評論，但只提到一位女性哲學家的名字，也就是瑪莎・納思邦（Martha Nussbaum）[1]。你現在開始感覺到一個呼之欲出的主題了。

重要的是，這個落差並不是因為很少出版有關哲學的書。相反的，已發表的文本所寫的主題非常廣泛，例如《高爾夫與哲學：亞里斯多德與食蟻獸去華盛頓的關係與教訓》（*Golf and Philosophy: Lessons from the Links,Aristotle and an Aardvark go to Washington*），而最近期、但同樣重要的是《衝浪板上的哲學家》（*Surfing with Sartre*）。但是很少人寫過讚美偉大女性哲學家的作品。有個值得注意的例外是由一位偉大的女性哲學家自己寫的書，即：瑪麗・沃諾克男爵夫人（Baroness Mary Warnock）[2]在二十多年前寫下的《女哲學家》（*Women Philosophers*）。

在哲學領域，事實上是在大部分的學術界，女性的代表人數都是不足的。這肯定是正確的，因為她們在歷史上被排除在教育機會之外。英國第一批獲得任何學科學位的女性，是在一八八〇年畢業於倫敦大學學院（University College London）的四名女性。遲至一九四八年，劍橋大學（University of Cambridge）是最後一所允許女性獲得完整學位的英國機構。這種制度性的排斥意味著，女性在社會中被規定的角色，讓她們只能保持最低限度的思考與自由。

但現在是二〇一九年了，在過去的一個世紀裡，情況一定改善了。在大部分的大學中，大學部的女生人數比男生多，取得哲學學位的女生也比以往更多。即使有了這些進展，在高層職位仍然有很大的性別不平等現象。很少哲學系中的女性教職員占到五〇%。二〇一五年，在美國頂尖的二十所大學中，女性哲學教授只占了二一%。在某些哲學領域，女性的人數從一九七〇年代以來幾乎沒有增加。所以，雖然比起從前有更多年輕女性首度跨入男人的哲學世界，但高層職位的女性並沒有快速變多。同樣的，雖然有些女性已經取得了講師與教授職位，但其中絕大多數都是白人。非白人女性依然在哲學領域中缺乏足夠

1 **編按** 一九四七年~，知名美國自由主義學者，也是女性主義倫理學的重要理論家。其著作繁體中文版有《逃避人性》、《憤怒與寬恕》（商周出版）；《正義的界線》（韋伯文化出版）；《從噁心到同理》、《傲慢的堡壘》（麥田出版）等。

2 **編按** 見本書〈瑪麗．沃諾克〉一章。

人數的代表性，也很少高階職位是由少數族群背景的人擔任。安妮塔．L．艾倫（Anita L. Allen）[3]在接受《紐約時報》（*New York Times*）的採訪〈哲學領域中，黑人女性的痛苦與希望〉（The Pain and Promise of Black Women in Philosophy）中指出，美國的全職哲學教授中，女性大約有十七％，黑人只有一％。

我們兩人還在大學讀哲學的時候，我們就知道，女性在我們學門中的代表人數嚴重不足。我們只有少數女性講師，而且我們的課程是由數百年前以及站在我們面前的男人所主導的。典型的哲學課程大綱中，可能很少或沒有女性，因為重點是放在「哲學經典」上，也就是指柏拉圖、亞里斯多德、笛卡兒（Descartes）、霍布斯（Hobbes）、洛克（Locke）、休謨（Hume）、盧梭（Rousseau）、康德（Kant）、彌爾（Mill）、尼采（Nietzsche）、沙特（Sartre）、羅爾斯（Rawls）等人，以上只是舉出幾個例子。女性通常只是被簡略提到，可能是和某位搭檔的男同事一起共事或有過感情，或者（如果夠幸運的話）是某個「哲學中的女性」單元中的一部分。當有人嘗試讓課程多元化以包容其他重要的哲學聲音時，通常會引起媒體強烈反彈，說這些學生與講師太「玻璃心」了。

儘管有這些挫折，還是大有希望。在學院派的哲學中，正在進行了不起的工作：導正女性哲學家的歷史，並確保能將她們的聲音與觀點保留給下一代的思想家。哲學史新敘事小組（The New Narratives in the History of Philosophy group）與Vox計畫（Project Vox），都展示了現代早期（一五〇〇到一八〇〇年之間）女性哲學家的著作。女性哲學家協會（The Society for Women in Philosophy, SWIP）為了廣為宣傳女性在過去、現在、未來的哲學界中的貢獻，策畫多項活動與指導計畫。德國的帕德博恩大學（Paderborn University）的女性哲學家與科學家歷史中心（The Centre for the History of Women Philosophers and Scientists）開辦了一年一度的暑期學校，教學生了解女性對思想史的重大貢獻。杜倫大學（Durham University）的括弧計畫（The In Parenthesis project）探討與歸檔了「牛津四人」（Oxford four）的作品：瑪麗・米奇利（Mary Midgley）、艾瑞斯・梅鐸（Iris Murdoch）、伊莉莎白・安斯康姆（Elizabeth Anscombe）以及菲利帕・福特（Philippa Foot）[4]。藉由展示「女性在哲學領域的貢獻並非新鮮事」，有助於打破女性在哲學領域的障礙。事實上，我們一直都是哲學家。

要改變大眾對哲學的認知，還有很多事要做。在為本書製作宣傳影片時，我們請大眾盡可能說出哲學家的名字。在他們都列出常見的可能對象時，我們問他們是否可以說出任何**女性**哲學家的名字。在我們所調查的人之中，沒有一個人可以說出一個名字來。

---

3 **編按** 見本書〈安妮塔・L・艾倫〉一章。

4 **編按** 本書介紹了前三位。菲利帕・福特（一九二〇～二〇一〇年）研究領域主要為道德哲學，並在一九六七發表的文章中首次提出日後為人所知的「電車難題」（Trolley problem）。

本書試著改變這種認知。在接下來的篇幅中，我們刻意採取「哲學家」的廣義定義，因為我們認為，女性被排除在我們的學門之外，部分原因是她們之中很多人被認為是活動家或「博學的女人」（learned ladies）。這也導致了「坐在扶手椅上思考的白人男性哲學家」這種既定的印象。但是，該是時候表揚這些女性清晰而縝密的心智以及質疑與洞察的能力了，這些能力讓她們獲得「哲學家」稱號也當之無愧。

本書的作者與主題有很多不同的背景，各有自己的獨特觀點、經驗與歷史。本書寫的哲學家很複雜、具有挑戰性，通常很有啟發性，有時候也很有問題。但是她們都對我們的哲學知識做出了重要的貢獻。其中有些人你可能聽過，也許還研究過。其他人你可能在本書中第一次讀到。你可以直接選擇感興趣的篇章，或依照順序來閱讀這本書，這是你的選擇。當然，還有很多女性，我們沒有辦法收錄進來。你可以在本書最末「更多哲學家女王」單元，找到其他女性哲學家的列表。我們鼓勵你自己去查閱、探索她們的人生與著作。

因此，如果你正在考慮攻讀哲學，或只是對女性與她們的想法感興趣，本書可以幫助你了解很多對我們世界豐富的思想史貢獻良多的哲學家女王。我們希望你和我們一樣，對於認識這些女性感到歡喜。

蕾貝卡與麗莎

倫敦，二〇一九年

Diotima

狄奧蒂瑪

BC.400

柔依·阿里亞濟 著
Zoi Aliozi

哲學經典中與蘇格拉底對話的睿智哲人

柏拉圖筆下的謎樣人物

經常被視為哲學之父的柏拉圖，引用了一位曾與蘇格拉底對談的女性的言論，可能會讓有些人感到意外。在柏拉圖知名作品之一《會飲篇》（*Symposium*）中，蘇格拉底與曼丁尼亞（Mantinea）的狄奧蒂瑪針對愛與美的本質進行討論，這內容顯得永垂不朽。然而，狄奧蒂瑪仍然是個謎樣的人物，很多人認為，她根本不存在。由於尚未被充分認識或理解，這個困難的謎團掩蓋了她對思想史大部分的可能貢獻。如果確實是她，那麼她的教導過了二千年之後仍然有其價值。

狄奧蒂瑪是少數出現在柏拉圖對話中的女性之一，唯一的另一位女性是米勒托斯（Miletus）的阿斯帕齊婭（Aspasia），她是《美涅克塞努篇》（*Menexenus*）的主要人物。在這些對話中，狄奧蒂瑪與阿斯帕齊婭都沒有親自現身發言。相反的，是由蘇格拉底把他與她們之前的爭論，描述給其他男性對談者聽。柏拉圖也被認為有女學生，最知名的就是菲柳斯（Phlius）的阿西歐西亞（Axiothea），以及曼丁尼亞的拉斯尼亞（Lastheneia）。

基於她對哲學經典中如此關鍵的人物所具有的潛在影響力，我們非常驚訝，狄奧蒂瑪為什麼被學者忽略，使她更像是一名神話人物，而非歷史人物。有人認為，狄奧蒂瑪是柏拉圖所創造的一種文學手段，用來舉例說明成為一名好的哲學家是什麼意思。這被認為是他為了使論證風格能適應《會飲篇》中他的主要討論者阿格頓（Agathon）的一種方法。正如蘇格拉底在《裴德羅篇》（*Phaedrus*）中指出的：要有話語權，一個人必須知道要如何引導靈魂；要成功做到這一點，一個人必須了解對談者的靈魂。在論證中，有一個女性作為對談者，也許是讓他的論點更有說服力的方法之一。

但是學者們，例如瑪麗・艾倫・韋特（Mary Ellen Waithe）在《女哲學家史》（*A History of Women Philosophers*，一九八七年）中，已經開始承認狄奧蒂瑪是一位歷史人物。有幾個理由，讓我們也抱持這種看法。的確，沒有明確的證據能顯示，有一位名叫狄奧蒂瑪的希臘哲學家到過雅典，與蘇格拉底見面，並教他哲學。但我們確實知道，在柏拉圖的對話中，很多人物都是真實存在的人，這一點也許讓狄奧蒂瑪的存在更增添了可能性。有些人也認為，蘇格拉底可能徵求了其他女性的見解，因為他提到從美諾（Meno）睿智的男性與女性得到建言。因此，他可能和一個像狄奧蒂瑪這樣的女人談到愛的本質，也許不是那麼不可能發生的事。我們可能會進一步懷疑，是否之所以主張她是虛構的，是因為根本不相信古希臘可能出現如此有智慧的女人。

即使狄奧蒂瑪是柏拉圖想像出來的人物，她還是值得被視為哲學史上的重要女性。不論虛構與否，她的見解對蘇格拉底的論證產生了很重大的影響，因此也影響了我們所知道的哲學史。所以，狄奧蒂瑪是否真實存在，不是我們主要關心的事。我們只要暫時記住，我們的第一位哲學家女王是個謎樣的人物就可以。

「愛的哲學」與「狄奧蒂瑪的階梯」

我們之前提到，狄奧蒂瑪對柏拉圖的對話錄《會飲篇》有很大的影響，而這篇文章也包含了屬於她的哲學的所有訊息。座談會是一群人聚在一起，就各種哲學主題進行討論，通常安排在宴會與飲料之後。不過，在柏拉圖的《會飲篇》中，有一個基本上的差異：其中有一個女人，她的觀點與文中提到的男性思想家享有同等的地位。當時座談會的主人阿格頓請《會飲篇》中的主要人物就愛的意義發表演說。在聽完對談者的論點之後，蘇格拉

底說，曼丁尼亞的狄奧蒂瑪談的「愛的哲學」，讓他學到很多；他把她描述成一名睿智的女人、哲學家與女祭司。

在介紹狄奧蒂瑪時，蘇格拉底還聲稱，她預見了雅典的瘟疫，並指導市民進行獻祭儀式，而推遲了瘟疫的發生；因此狄奧蒂瑪的形象經常與預言和預知有關。蘇格拉底以此來證明她優越的心智能力，有些人也認為，蘇格拉底是為了讓她的更高智慧和在場對談者的世俗智慧做出對比。蘇格拉底向其他男人回憶起，他從狄奧蒂瑪了不起的智慧中學習。他說，在他年輕的時候，狄奧蒂瑪讓他參與了一種論證式的對談方式，這方式後來以「蘇格拉底的方法」（Socratic method）而聞名；在這種對談中，一個人會被問到一系列有關自己的觀點或定義的問題，最後很可能會被引到另一個立場。這段話的含意是，狄奧蒂瑪可能教會了蘇格拉底對哲學最大貢獻的那件事：他的方法論。

蘇格拉底繼續討論他身為年輕的學生與狄奧蒂瑪會面的情形。在這裡，他概述了狄奧蒂瑪對美的理論的教導，並說明了「狄奧蒂瑪的階梯」或「愛的階梯」（the ladder of love）的相關論述，這是這個對話中最知名的一部分。「狄奧蒂瑪的階梯」指的是，在階梯底部是對某個有吸引力的身體的渴望與欲望，這種渴望可以導向一種對美的形式的欣賞，這是階梯的最高點。在愛的階梯中，共有六個台階。第一階，是對單一一人身體的愛。第二，是對所有身體之美的愛。第三，是對靈魂之美的愛。第四，接著戀人會發展出一種對公共機構之美的愛，然後第五，他們會發展出對一般知識的愛。最後，戀人會發展出對美本身的愛，狄奧蒂瑪將之描述為「眺望遼闊的美之海」。對美本身的欣賞就帶著美德的道德特徵。她繼續說道，培養出對美本身的愛的人，將在無邊無際的智慧之愛中，產生許多公平而高尚的想法與觀念；直到他在那個海岸成長與成熟壯大，最後，他預見了一門科學，也就是美無所不在的科學。因此，對美的欣賞需要超越單純的外表，要學習理解美的抽象概念。

這個討論與柏拉圖知名的理型論（theory of The Forms）關係密切。在柏拉圖的許多對話中，他主張，在這個不斷變化的物質世界中，概念或形式是一切事物的非物質性本質。因此柏拉圖認為，我們無法了解物質世界中的物體，因為它們只是永恆的形式領域的仿製品。因此，為了獲得知識，一個人必須從感知（perceptions）與影子的世界離開，走向理念（Ideas）的世界，其中最重要的是善的理型（The Form of the Good）。然而，我們不清楚的是，善是否與其他的理型，例如美或正義，是相同意義上的理型。柏拉圖在《理想國》中告訴我們，善的理型是「超越存在的」以及「使萬物都可以被理解」。這方面最知名的一個例證就是柏拉圖的洞穴寓言。

然而，狄奧蒂瑪說的善或美的概念和柏拉圖說的是否一樣，這點並不清楚。狄奧蒂瑪認為，美不是目的，而是一種手段，目的是完成更偉大的事物，是某種類型的再生

（reproduction），以及邁向不朽的通道。狄奧蒂瑪透過有關懷孕的討論，來解釋這一點。蘇格拉底問狄奧蒂瑪：「愛的作用是什麼？」她回答：「是在身體與靈魂兩方面，生出某種美麗的東西。」蘇格拉底說他不明白，狄奧蒂瑪回他：「所有人都懷孕了，蘇格拉底，在身體上，也在靈魂上。然後當我們成熟時，渴望生育是很自然的事。」我們應該注意，狄奧蒂瑪提到懷孕時，不一定是常規意義上的懷孕。更精確地說，她經常談到懷孕是概念與人類再生的一部分。身體懷孕的人要尋找一個伴侶來生小孩，以創造一個繼承者。心靈（mind）懷孕的人則在尋找可以分享自己知識與美德的人。狄奧蒂瑪繼續說明：「任何人想到荷馬（Homer）與赫西俄德（Hesiod）和其他偉大詩人時，誰不會想生他們的小孩甚於普通人的小孩？誰不想仿效他們、創造像他們這樣的小孩，去保留自己的記憶，並給予自己永恆的榮耀？」不朽的最終形式是透過分享與提供概念給別人來達成，因此而創造聰明的後代，就像荷馬與赫西俄德所做的事一樣。狄奧蒂瑪認為，這種再生形式就是美的作用。就如瑪麗・艾倫・韋特所說：「對狄奧蒂瑪來說，善是一種自私的善（selfish good）；一個人自己的善是透過美的概念來複製自己，從而獲得不朽。」因此，善似乎無關乎功能。

狄奧蒂瑪之謎的啟發

那麼，我們應該從曼丁尼亞的狄奧蒂瑪之謎中學到什麼？蘇格拉底在討論她的觀點時，他承認自己的無知，以及他願意向她的昭然智慧學習。在她與蘇格拉底的討論中，她很有信心地說：「我當然是對的！」並強調他跟不上她的思想論點。蘇格拉底回憶，當他問：「最聰明的狄奧蒂瑪，妳說的真的是對的嗎？」他描述當時情況，「她就像成熟的詭辯家，她說，『蘇格拉底，肯定是對的。』」這樣強而有力的女人可能出現在哲學的發源地，這件事應該有號召各地女性哲學家的作用。不管她是否是一名虛構人物，我們的觀點很重要，因此我們應該盡己所能，在趨近狄奧蒂瑪的信心與智慧之路上前進。即使是在與哲學之父本人爭論時，也應當如此。

Diotima

推薦延伸閱讀

- Allen, R. E., *Plato's Symposium*, New Haven: Yale University Press, 1991
- Keime, Christian, 'The Role of Diotima in the Symposium: The Dialogue and Its Double', in Gabriele Cornelli (ed.), *Plato's Styles and Characters: Between Literature and Philosophy*, De Gruyter, 2015, 379–400
- Nails, Debra, *The People of Plato: A Prosopography of Plato and Other Socratics*, Indianapolis: Hackett Publishing, 2002
- Neumann, Harry, 'Diotima's Concept of Love', *American Journal of Philology*, Vol. 86(1), 1965, 33–59
- Nye, Andrea, 'The Subject of Love: Diotima and Her Critics', *Journal of Value Inquiry*, Vol. 24, 1990, 135–153
- Nye, Andrea, 'The Hidden Host: Irigaray and Diotima at Plato's Symposium', *Hypatia*, Vol. 3(3), 1989, 45–61
- Nye, Andrea, *Socrates and Diotima: Sexuality, Religion, and the Nature of Divinity*, Palgrave Macmillan, 2015

本文作者

柔依・阿里亞濟｜ Zoi Aliozi

是一位人權學者—活動家。她是一位學者、獲獎哲學家、國際人權律師。她的研究興趣包括人權、法律、哲學、行動主義（activism）、女性主義、氣候變化、美學、藝術和電影攝影。

Ban Zhao

班昭

45–120

文潔華 著
Eva Kit Wah Man

中國古代影響深遠的女性知識分子

博學多才的女子教育思想家

班昭可能是中國古代歷史上最了不起的女性知識分子。連同其他十六名女性，班昭的簡短傳記以〈曹世叔之妻〉的篇名出現在《後漢書》的〈列女傳〉中。班昭出生於東漢（二五～二二〇年）初期，是知名作家與歷史學家班彪（三～五四年）之女，將軍兼外交官班超（三二～一〇二年）以及歷史學家班固（三二～九二年）之妹。她在十四歲時嫁給了曹世叔。丈夫早逝後，班昭拒絕再嫁，以遵守守寡的傳統與準則，以榮耀貞潔的美德。班昭的行為舉止完全符合她的身分，以及當時的規矩與標準。

在班昭璀璨耀眼的職業生涯中，最傑

出的成就是她對《漢書》的貢獻，這是一部涵蓋漢高祖到平帝共十二位帝王的歷史書籍，時間貫穿西漢統治的兩百多年，就在東漢之前。《漢書》最初是由班昭的父親班彪開始撰寫，並由其兄長班固繼續修訂，但是他在完成文稿之前就去世了。由於班昭在那個時代就因「博學高才」而知名，東漢和帝下詔讓她來完成這本書。同時，她也被召進宮，教導皇后與嬪妃們恰當的行為舉止。她創作了賦（敘事韻文）、頌（紀念）、銘（題詞）、誄（悼詞）、問（議論）、注（評論）、哀詞（輓歌）、書（散文）等作品，直到晚年過世。

班昭在中國古代歷史中享有獨一無二的地位，不僅僅是因為她了解什麼是理想女性的特質，以及她為了教育當時上流階層女性所寫的著作，也因為她的貞潔，這一點造成了重大的歷史與哲學上的影響。一般來說，她一直被視為女子教育的先驅，也是中國女性效法的典範。她的文章例如《女誡》與《東征賦》，以及那些受她生平所啟發的論文，都受到後世中國、韓國與日本正統學者的好評，特別是在晚清時期。

然而，當西方遇見東方，東方成為二十世紀的一個研究主題時，將她視為女子教育先驅的正統學術觀點開始改變，而班昭的重要性也因此必須重新評估。例如，在清末民初期間，班昭被視為婦女解放運動中女性志業的敵人。較中立的看法認為，班昭既不是女英雄，也不是惡人，而是兩性關係與女性適當行為等傳統觀點的忠實記錄者。這些觀點，連同早期學者的讚譽，反映出目前對中國性別研究的一股濃厚興趣。

《女誡》為人妻提供識時務的婚後生存指南

《女誡》無疑是班昭最重要、最具影響力的著作。是班昭編纂完成有關女性學習的第一本書，據稱是在西元一〇六年、班昭六十一歲時撰寫的。文本記載於《後漢書》中的班昭傳記。內有七則短篇，涵蓋七個主題：謙讓（〈卑弱〉）、夫妻關係（〈夫婦〉）、尊重與謹慎（〈敬慎〉）、女性特質（〈婦行〉）、專心奉獻（〈專心〉）、含蓄服從（〈曲從〉）、與夫家的小叔小姑們和睦相處（〈叔妹〉），探討女性如何與家族中的其他人建立適當的關係，並保持她們在社會中的榮譽與名聲。在簡短的導論中，班昭首先為了自己能得到的教育與栽培，表達她對博學多聞的父親與有教養的母親的感謝。她說，她的教育令她能夠擺脫使父母蒙羞、或為夫家親戚造成困難的恐懼。她也不再擔心她的兒子，因為她的兒子已經長大成人，順利進入仕途；說完這些之後，班昭寫道，她剩下的唯一焦慮就是，她那些已經到了適婚年齡的女兒們（未必只是班昭自己的女兒，也包括她家族裡的女孩們）。因此，班昭寫這七篇教導的文章，目的是要提供她的女兒們一些指導，一旦她們進入夫家充滿敵意的環境時，還能實現家庭的和諧以及更好的生活。在這些環境中，如果妻子無法舉止得當，也就是完全順服，就一定會發生不尊重、指控、爭吵與公開對抗的情況。

夫妻關係是《女誡》中最重要的主題。陰與陽是天與地的根本法則，也是界定男女關係的基礎。男人代表陽，特質是剛性，以力量為榮；女人代表陰，功能是謙讓，會因溫柔而受到讚賞。陰與陽互相作用的自然秩序基本上就是陽控制陰，陰服務陽，這種說法讓男性控制女性、女性服務男性的夫妻倫理合理化。因此，婚姻的儀式顯然就好比是天與地的合一。它意味著，男人與女人的交合是必要的，如此一來，人類才能代代相傳。

然而，如果我們專注於妻子應該如何侍奉丈夫的道德教義，而把班昭的訓誡歸類為儒家的婦女美德，我們可能會忽略家庭生活中複雜的人際關係，以及／或是過度把兩性之間的互動過度簡化為僅僅是男性對女性的控制，特別是如果我們牢記著陰與陽的比喻。對班昭來說，身為人妻，最重要的行為準則就是尊重與默許。班昭在詳細說明這些指導原則時，雖然採用了很多傳統上與女性氣質有關的關鍵詞彙，例如軟弱、柔軟、卑下、順從等字眼，但是觀察她如何描述遵守這些指導原則的實際理由時，是非常有意思的。例如，她判斷不敬之心是源自夫妻雙方相處過度親暱的習慣；她還說，為家庭事務互相指責與爭吵，是因為語言的直率與拐彎抹角。在這裡，尊重與默許之所以會受到推薦，是班昭觀察現實中的婚姻生活而得到的結果，並不是因為某些道德與倫理的推論。

這也意味著這些建言的另一種解釋，就相當於班昭自己在導言中的說法，她的意圖或目的是提供年輕的人妻在婚姻中所需的一套技能或生存技巧。從這個意義上來說，看看《女誡》的最後兩篇就很有意思了：關於如何和公公、婆婆與小叔小姑們相處的教訓。兩篇都包含了「沒有人是完美的」（「自非聖人，鮮能無過」）的說法，例如，婆婆說的可能是錯的。班昭甚至承認，如果能夠在夫家中與其他人和睦相處，媳婦的缺點與錯誤就可以被完全掩蓋起來。這證明了妻子在夫家所面臨的挑戰，主要是自己在這個姻親家庭裡錯綜複雜的人際關係中的定位問題。另外，班昭也證實，妻子有自己的是非感覺或判斷能力，不過，班昭認為，在一個妻子完全受到壓制的環境中，行使這樣的判斷力是一件危險的事。因此，我們可以合理推測，班昭撰寫的主要目的是提供未來的新娘們，一套在充滿敵意的婆家世界中得以生存的必需技能。在面對強勢的長輩時，圓融遷就而不是公然對抗，被視為一種識時務的權宜之計。

班昭歷史定位的再思索

儒家經典《大學》指出，必須先整頓家庭，只有這樣，國家才能統治得好（「齊家、治國、平天下」）。因此，在漢儒典籍中記載著男女關係的嚴格規定，以便建立穩定的家庭生活，以及血脈的延續不受干擾，而且學者往往一再強調這些規則。這至少有一部分是為了因應舊時代封建制度忠誠思想的瓦解，以及隨著西漢與東漢早期新帝國的崛起，而出現的一個越來越龐大的新興中間階層。這種意圖在《女誡》中也很容易看到。例如，班昭建議應該避免誘惑的行為，例如使用奉承與哄騙的話，對妻子來說，最好的事就是修身養性，忍住蔑視，並與丈夫保持一種安全的距離。

然而，在那個光輝時代中的思想家們，並未下定決心專門學習儒家經典。在本身就雅好文學與藝術的皇帝庇護下，中國古典時代的偉大文學成就，包括在那個時期的幾個重要思想流派的教義，便以更適合新時代的說法重新編纂與重新發行。除了儒家的正統著作，《漢書》包含了道家三十七位作者的著作，共九百九十三個部分；以及墨家六位作者的著作，共八十六個部分。因此，應該強調的是，漢朝的哲學概念並不是來自任何一家的單一傳統，而是先秦各家流派的綜合影響，其中主要是儒家、道家與墨家。

班昭的家族史與學習軌跡正處於這一種思潮的中心。因此，我們應該質疑，是否能夠僅用儒家來解釋她與她的文本，而文本中的性別關係與父權價值觀也應該被放在這樣的脈絡中。在這裡，值得注意的是，漢朝統治者的宮廷裡崇拜的是道家。道家不像儒家，並沒有假設人類生存環境的本質是良善的（benign）。道家把自我保護與生存視為人生第一要務，如果一個人要在險惡的環境中取得順暢的人際關係，那麼，謙遜以及克己地為強者服務，就是必要的技能。此外，班昭的家族在漢朝時期，三代中至少有一人在朝廷中擔任學者，班昭本人也受到皇帝的賞識，還被宣召到宮中，指導皇后與嬪妃們適當的行為。

然而，《女誡》這份歷史資料的用途相對有限。第一，即使是在她自己的年代，班昭的建言也是一個例外。第二，婦女再婚並非罕見的現象。第三，更早的參考文獻並未規定，女性不准說出自己的想法，男女的社交禁令似乎並不存在，或並未嚴格執行。第四，我們也可看到，同在漢代有其他關於性生活的自由派著作，例如張衡（七八～一三九年）的〈同聲歌〉，他在這首詩中提到了古代中國最重要的性學著作之一《素女經》。儘管如此，未來數個世紀的正統儒家學者仍然一廂情願地堅守班昭的理想女性形象。

二〇一七年，中國婦女發展基金會成員與河北省傳統文化研究會常務副會長丁璇的一系列大學講座，在社群媒體上引發熱議。在她有關〈做新時代的窈窕淑女〉的演講中，她主張「女孩最好的嫁妝就是貞操」，並批評穿著暴露的女性。這樣的公開演講反覆出現並成為社會的焦點，在今天的中國並不令人意外。但這件事確實部分證明了，班昭與其才學的相關性與重要性。她是一位重要而有影響力的思想家，值得我們的關注。

班昭

主要文本

- Swann, Nancy Lee, *Pan Chao: Foremost Woman Scholar of China*, Ann Arbor: Center for Chinese Studies, University of Michigan, 1932 (republished 2001)
- Tiwald, Justin and Van Norden, Bryan W. (eds.), *Readings in Later Chinese Philosophy: Han to the 20th Century*, Indianapolis: Hackett, 2014
- 王延梯編，《中國古代女作家集》，山東：山東大學出版社，1999 年

推薦延伸閱讀

- Chen, Yu-Shih, 'The Historical Template of Pan Chao's *Nū Chieh*,' *T'oung Pao*, Second Series, Vol. 82, 1996, 229–257（中文翻譯：陳幼石，〈班昭《女誡》的歷史範本〉，《通報》1996 年第 82 卷 4/5 期）
- Goldin, Paul R., *After Confucius: Studies in Early Chinese Philosophy*, Honolulu: University of Hawaii Press, 2005
- Lee, Lily Xiao Hong, *The Virtue of Yin: Studies on Chinese Women*, Sydney: Wild Peony, 1994
- Van Gulik, Robert Hans, *Sexual Life in Ancient China: A Preliminary Survey of Chinese Sex and Society from ca. 1500 BC till 1644 AD*, Leiden and Boston: Brill, 2002（繁體中文版《中國古代房內考》，高羅佩著，桂冠出版）

本文作者

文潔華｜Eva Kit Wah Man

是香港浸會大學的宗教和哲學教授（二〇二二年榮退）。她在香港中文大學完成漢學（美學）博士學位，並在同所學校取得哲學碩士學位。

Hypatia

伊帕蒂亞

350–415

麗莎・懷廷 著
Lisa Whiting

羅馬時期公開講學的傳奇哲學烈士

承繼家學的數學家與哲人

一般人被要求想像古老的哲學世界時，大多數的人會想到一群留著鬍鬚、穿著長袍的老人。一個女人在公共廣場上演講，並吸引一大群從遠方慕名而來聽講的人，不太可能符合大多數人的想像。但這就是亞歷山卓（Alexandria）[1]的伊帕蒂亞[2]如此迷人的眾多原因之一。

伊帕蒂亞是一位數學家、天文學家與哲學家。她是最早的女性哲學家，而且有可靠的歷史資料記錄了她人生中的主要事

1 **譯注** 因亞歷山大大帝而命名的埃及第二大城。

2 **編按** 此人名源自古希臘文「Υπατία」，而現代英文發音方式眾多，故或譯為希帕提亞、海帕蒂亞、海芭夏等。本文採用最接近古羅馬時期發音的伊帕蒂亞。

蹟。儘管如此，還是有許多迷思圍繞著她。從她死後的幾個世紀以來，她已經成為詩歌、文學、藝術，甚至是由瑞秋・懷茲（Rachel Weisz）主演的好萊塢大片《風暴佳人》（*Agora*）中的中心人物。這些虛構的小說雖然有趣，卻讓人對伊帕蒂亞的人生與著作產生極大的困惑。把這些建構的故事一層一層剝掉，是很重要的，這樣我們才能理解真正的伊帕蒂亞這個女人。

伊帕蒂亞於三五〇年左右（確定日期未知）在埃及的亞歷山卓港出生，當時此地還屬於羅馬帝國。參考背景：這個時間是另一位亞歷山卓名女人克麗奧佩特拉七世（Cleopatra VII）[3]出生後大約四百年。亞歷山卓這座城市以學術風氣聞名，僅次於雅典，學生們會長途跋涉，遠道而來，在這座城市接受學者的授課。伊帕蒂亞之父席昂（Theon）是亞歷山卓城知名大學「莫西恩」（Mouseion，音譯）[4]的校長。席昂是一位知名的數學家與教師，一生編輯了很多數學著作，最著名的貢獻是編輯了歐幾里得（Euclid）早期版本的《幾何原本》（*Elements*）。本書提出了大量早期數學的基本原則，而且席昂評論的摘要沿用至今。可惜的是，人們對伊帕蒂亞的母親一無所知，也沒有任何紀錄提到她。

席昂在伊帕蒂亞年幼時就教她數學與哲學，有消息來源指出，她的才智很快就超越了席昂。五世紀的拜占庭歷史學家索克拉蒂斯（Socrates Scholasticus）在《教會史》（*Ecclesiastical History*）中寫道：「哲學家席昂之女伊帕蒂亞在文學與科學方面的成就，遠遠超過與她同時代的所有哲學家。」就她的數學成就來說，伊帕蒂亞編輯與撰寫了各種數學文本的評論，包括托勒密（Ptolemy）的《天文學大成》（*Almagest*）。在這篇文章中，伊帕蒂亞設計了一個改良的長除法（long division）[5]，被稱為表格法（tabular method），這是她最著名的數學貢獻。她還針對丟番圖（Diophantus）長達十三卷的巨著《算術》（*Arithmetica*）寫了評論，為托勒密的《實用天文表》（*Handy Tables*）設計了一個新版本，並為阿波羅尼奧斯（Apollonius）有關圓錐曲線的幾何學著作寫了評論。除了數學著作，伊帕蒂亞的知名事蹟還包括製造天文儀器，例如星盤，是一種用來計算行星位置的設備。

由於伊帕蒂亞的哲學文本都沒有保留下來，我們無法得知她是否提出任何原創的理論。不過，學者認為，她不太可能提出原創理論，因為在那段期間，學者們比較常針對現有的作品發表評論以發展前人的論述，而不是撰寫原創的論文。有些人推測，這是因為知名的亞歷山卓圖書館被破壞之後，大量的古代著作被損毀，學者們希望保留現有的文本。

---

3 譯注 西元前六九～三〇年，埃及托勒密王朝最後一位女王，即「埃及豔后」。

4 譯注 位於王宮附近，圖書館旁邊的一些房子，包括會議廳與食堂等，是古代著名的學術機構，在羅馬時代恢復盛名。埃及的國王歡迎來自各地的學者居住其中，並提供資助。沒有正式的教學制度，但經常有學術性的演講，國王偶爾也會去聽講，包括克麗奧佩特拉女王。

5 譯注 又稱直式除法。

正因如此，伊帕蒂亞被認為是一個很有才華的數學評論家，而不是創新者。

於公共廣場講學的迷人哲學家

那麼，為什麼伊帕蒂亞應該被視為一位出色的哲學家呢？要回答這個問題，我們必須注意她的教學，因為這正是她真正發光發亮之處。多項歷史資料證明，她的哲學講座很受歡迎，來參加的不只是熱情的學生，還有當時的政治領導人。其中一名學生是昔蘭尼（Cyrene）的希尼秀斯（Synesius）[6]，因為非常敬佩她從事的工作，所以在寫信給她時，地址上只寫著「哲學家」（The Philosopher）。在寫給朋友的一封信中，他寫到伊帕蒂亞是「一個聲名遠播的人，簡直是不可思議地轟動。我們親眼見到與聽到了她主講哲學的奧祕，實在令人尊重」。希尼秀斯經常會派年輕人長途跋涉到亞歷山卓城，去接受伊帕蒂亞的教導。

伊帕蒂亞的學生對她的欣賞，偶爾會變成不僅僅是知識上的欽佩，因為她的美貌讓她課堂上的許多年輕人愛上了她。但她沒有接受任何人的愛，而且據說她始終維持處子之身

6 **譯注**　三七〇年~四一三年，新柏拉圖學派哲學家，後來成為托勒密的主教。

直到去世。柏拉圖派哲學家達馬希烏斯（Damascius）描述了一件眾所周知的事，伊帕蒂亞曾經持續演奏某種樂器好幾個小時，希望能讓那個對她愛得最執著的學生覺得無聊。當這招無效後，她採取了更極端的做法，有一天，她拿出一塊血跡斑斑的經期布片，在那個男孩面前揮舞，然後告訴他，他想要的只是身體的欲望，但與她的智慧和真正的哲學奧祕相比，這一點也不美。不意外的，他的靈魂「因為羞愧而卻步，並對不愉快的景象感到驚訝，最後被引導到正確的思維」，伊帕蒂亞順利阻擋了這名年輕男子更進一步的行動。

當伊帕蒂亞不在教室上課時，她會去公共廣場演講。史料中描述，伊帕蒂亞「雖然是女人，但穿上哲學家的斗篷，然後穿行過城市的中心」。眾所周知，她向任何希望聽講的人公開講授柏拉圖、亞里斯多德與其他哲學家的著作。這對於當時的男性哲學家來說是很常見的行為，但一名女性以這種方式在公開場合教學，是比較不常見的事。伊帕蒂亞的教學受到無數學生的推崇，這證明了她不僅僅是在哲學方面有非凡的才華，而且也是一位魅力四射、處事得體的演說家，她的才智讓她贏得了尊重。

伊帕蒂亞大受歡迎的部分原因是，她對不同的人與觀點保持開放態度。雖然她本身是個異教徒，但她接受與教導了很多基督徒與猶太人，基於各宗教在這一時期的緊張局勢加深，這件事的意義更為深遠。她的學生與朋友希尼秀斯後來成為基督教主教，她最親近的知己之一名叫奧瑞特斯（Orestes），是亞歷山卓城的總督。透過這些關係，她建立起極具政治影響力的風評，當政治領袖們在工作中面臨挑戰時，常會向她請益。

因此，伊帕蒂亞不僅僅是一位學者以及才華洋溢的數學家；她也是一名公共知識分子，她運用她在社會中的角色，透過她建立的人際關係，做出積極的變革。馬希烏斯對此有很好的描述，他說：

> 伊帕蒂亞的風格是這樣的：她不僅精通修辭學與辯證法，她在實際事務中一樣很聰明，並且抱持著公民意識的動機。因此，她受到整個城市普遍而深刻的信任，處處受到歡迎與讚揚。

可悲的是，正是這種公民意識與在權貴中的影響力，最後導致她的慘死，這故事膽小的人可聽不得。大約在三八二到四一二年，亞歷山卓城的教皇是一個名叫西奧菲勒斯（Theophilus）的人，雖然信仰不同，但他和伊帕蒂亞保持著良好的關係。但是，在西奧菲勒斯死後，他的姪子西里爾（Cyril）[7]想要奪取這個城市的權力。批評西里爾的人包括伊帕蒂亞的好友奧瑞特斯，他在處理衝突時徵求了她的建言。西里爾的支持者之間流傳起一個

7 譯注 天主教譯為聖濟利祿。

謠言，說奧瑞特斯與西里爾無法調和彼此的分歧，導致城中發生嚴重的暴力事件，都是伊帕蒂亞的過錯。這謠言竄起沒多久後，有一群僧侶襲擊了正在旅行途中的伊帕蒂亞的馬車。暴徒剝光了她的衣服，並用希臘稱為「牡蠣殼」或「屋頂瓦片」的東西將她的身體撕成碎片，然後拖著她的四肢穿過小鎮，最後將她殘留的遺體付之一炬。

伊帕蒂亞慘遭惡毒殺害一事，轟動了亞歷山卓城，不僅僅是因為手段殘忍，也因為直到這個時候，哲學家在城市生活中仍被認為是受保護的人物。伊帕蒂亞的謀殺事件究竟是西里爾下令，還是當時亞歷山卓城持續的焦慮與暴力所引發的行動，依然還有爭論。不管事實為何，伊帕蒂亞的地位與影響力使她成為眾矢之的，是很顯而易見的。

哲學烈士的形象留予後代的啟發

身為第一位知名的哲學女烈士，伊帕蒂亞如此戲劇性的生平事蹟經常被後人選擇用來支持或譴責各種志業。在近代早期，伊帕蒂亞是約翰・托蘭（John Toland）一本書中的焦點人物，書名是《伊帕蒂亞：或者史上最美麗、最有德、最博學、凡事都有成就的女性；被亞歷山卓城神職人員撕成碎片，以滿足他們平凡粗俗而德不配位的聖西里爾大主教的驕傲、好勝與殘酷》（*Hypatia: Or, the History of a Most Beautiful, Most Vertuous, Most*

Learned, and Every Way Accomplish'd Lady; Who was Torn to Pieces by the Clergy of Alexandria, to Gratify the Pride, Emulation and Cruelty of their Archbishop, Commonly, but Undeservedly, Stil'd St. Cyril）。在書中，托蘭對伊帕蒂亞的人生做了鉅細靡遺的描述，編造許多關於伊帕蒂亞的事蹟，以促進他的反基督教志業。托馬斯・路易斯（Thomas Lewis）後來寫了一篇文章反駁托蘭的論點，篇名為〈伊帕蒂亞的歷史，亞歷山卓城最厚顏無恥的女教師：被平民謀殺並撕成碎片，以捍衛聖西里爾與亞歷山卓城的神職人員。來自托蘭先生的誹謗〉（The History of Hypatia, a most Impudent School-Mistress of Alexandria: Murder'd and torn to Pieces by the Populace, in Defence of Saint Cyril and the Alexandrian Clergy.From the Aspersions of Mr Toland）。在這兩份文本中，我們看到伊帕蒂亞都被重新描述成合乎女性的刻板印象，完全故意忽視她的存在的真實性與複雜性。

一八五三年，查爾斯・金斯萊（Charles Kingsley）寫了一本有關伊帕蒂亞的小說而極受歡迎，這本書讓伊帕蒂亞成為家喻戶曉的人物，並擁有更廣泛非學院派的觀眾。一九〇八年，美國作家阿爾伯特・哈伯德（Elbert Hubbard）寫了一本他聲稱是伊帕蒂亞生平的傳記，但書中充滿了虛構的內容，有許多未經證實的說法。這類書籍構成了伊帕蒂亞虛幻、浪漫的部分，並傳播了有關她人生的很多神話，其中有許多說法流傳至今。

到了二十世紀，伊帕蒂亞的事蹟被興起的女性主義運動所採用。哲學家伯蘭特・羅素

（Bertrand Russell）的妻子朵拉・羅素（Dora Russell）[8]，寫了一本書探討男女教育不平等的書，書名為《伊帕蒂亞：或女性與知識》（*Hypatia: or, Woman and Knowledge*，一九二五年）。該書的序言中寫道：「伊帕蒂亞是一位大學講師，卻受到教會權貴人士的譴責，並被基督徒撕成碎片。這本書的命運大概也會是這種下場。」朵拉・羅素認為，即使在幾千年後，學術界仍然是一個由男性主導的空間，女性往往不受到重視。朵拉・羅素的觀點，也是伊帕蒂亞的成就如此別具意義的主要理由之一。她是第一位成功進入主要為男性天下的學術領域的女性。

伊帕蒂亞也認為，哲學與社會有著千絲萬縷的關係。在數學方面，她的教學促進了很重要的進展，但她也運用了她的知識與圓融的處世技巧造福社會。她本來可以待在教室與圖書館裡教書與寫作，過著平靜的生活，但她選擇暢所欲言，並善加運用她的政治影響力，而這正是導致她遇害的一種風險。

因此，在小說之外，我們知道，伊帕蒂亞是一位睿智、魅力四射、無所畏懼的女人。她可能是她那個時代頂尖的老師，同時由於公民意識，她也是亞歷山卓城一位重要的公眾人物。我希望她能激勵更多女性去冒險，穿上哲學家的斗篷，走進廣場，公開發表見解。

8 編按 一八九四～一九八六年，羅素的第二任妻子，也是英國作家、女性主義者和社會主義者。

Hypatia

主要文本

- Scholasticus, Socrates, *The Ecclesiastical History*, c. 440
- The letters of Synesius, Bishop of Ptolemais, c. 394–413
- Damascius, *Life of Isidore*, c. 530

推薦延伸閱讀

- Deakin, Michael A.B., *Hypatia of Alexandria: Mathematician and Martyr*, Amherst: Promethius Books, 2007
- Dzielska, Maria, *Hypatia of Alexandria (Revealing Antiquity)*, Cambridge: Harvard University Press, 1996
- History Chicks Podcast, 'Episode 95: Hypatia of Alexandria
- Russell, Dora, *Hypatia: or, Woman and Knowledge*, Folcroft Library Editions, 1976
- Watts, Edward J., *Hypatia: The Life and Legend of an Ancient Philosopher*, Oxford: Oxford University Press, 2017

本文作者

麗莎・懷廷｜ Lisa Whiting

是一名實踐倫理相關領域的政策顧問。她目前在資訊道德與創新中心（Centre for Data Ethics and Innovation）工作，正在倫敦大學伯貝克學院（Birkbeck, University of London）攻讀政府、政策和政治碩士學位，之前在杜倫大學取得哲學學士學位。

Lalla
萊拉

1320–1392

夏利妮．辛哈 著
Shalini Sinha

追尋自由本質的哲學詩人和瑜伽士

喀什米爾宗教與文學史中的重要人物

在喀什米爾（Kashmir）十四世紀的哲學與社會世界中，萊拉是一位非正統的人物。這是一段過渡期，在這段期間，主要是伊斯蘭的影響與政治力量取代了印度教與佛教的哲學、宗教與政治環境。在這裡，萊拉成為歷史上印度教與穆斯林傳統所共同推崇的人物。

她在蘇菲伊斯蘭傳統以及喀什米爾的濕婆教（Śaiva，又譯「希瓦」）印度傳統中，都是一位權威人士。她被印度教徒稱為拉萊斯瓦里（Lalleshwari），被穆斯林教徒稱為拉拉．阿麗法（Lalla Arifa），但她還有一個不屬於任何宗教的通俗名字，就是萊拉（Lalla）或拉爾・黛德（Lal Ded）。她的詩作被口頭傳誦了六百多年，在喀什米爾的宗教與文化景觀中，留下了強大而多元的遺產。

萊拉不僅僅是喀什米爾宗教史上最有影響力的人物之一，她也是印度古典詩歌領域裡家喻戶曉的人物。在這個更廣泛的傳統中，她對社會與宗教主流正統觀念的駁斥與批評，和印度古典與現代早期的其他幾位知名女性哲學家詩人，例如阿卡・馬哈德維（Akka Mahadevi）[1]、賈納拜（Janābāi）[2]以及米拉拜（Mirabai）[3]，還有卡比爾（Kabir）[4]等男性哲學家—詩人異議分子，殊途同歸。和這些詩人一樣，萊拉挑戰傳統規範以尋求解放。在她的作品中，她強調，每一個人都可以擁有精神與身體的自由，與種姓、信條或性別無關。在普遍流傳的傳記中，她和阿卡・馬哈德維一樣，經常被描繪成一個赤身裸體的苦行者，過著嚴格的自律生活，並因她對社會常規的駁斥而遭到批評。然而，就像其他激進的女詩人一樣，萊拉得到了具標誌性的地位，並為非正統的女性詩歌與實踐創造了空間且使其合理化。

兼容多種宗教思想的詩歌

據傳萊拉在二十六歲與家庭和家族斷絕關係後，經歷了一段「非二元」（non-dual）

的濕婆教哲學與其瑜伽修行的教育時期。經過這些訓練後，萊拉以女瑜伽士（yogini）的身分，也就是哲學瑜伽的女性修行者，在喀什米爾鄉間流浪。萊拉詩集裡蘊含豐富的哲學和瑜伽內容，證明了這一點；讓人更意外的是，當代的學術研究經常認為，萊拉主要是「巴克提」（bhakti）[5]或虔誠的詩人，而不是喀什米爾濕婆教傳統與其瑜伽密宗有成就的哲學家修行者。如同蘭吉特．霍斯寇特（Ranjit Hoskote）在《我，萊拉：拉爾．戴德的詩集》（*I, Lalla: The Poems of Lal Dĕd*，二〇一一年）所指出的，從各種廣為流傳的詩歌集中可以清楚看見她所留下的遺產，這些被認為是她所著作的詩集，不太可能是一個人的作品，而是表達了不同宗教信仰、性別和職業的詩人的聲音。

萊拉詩意般的表達（vākhs）令人憶起第十和十一世紀非二元的喀什米爾濕婆派哲學，

1 **編按** 十二世紀，卡納塔克邦（Karnataka）人，印度哲學傳統中著名的女性思想家。

2 **編按** 十三世紀，馬哈拉施特拉邦（Maharashtra）人，印度教傳統中的馬拉地宗教詩人。

3 **編按** 十六世記，拉賈斯坦邦（Rajasthan）人，巴克提聖徒，靈修詩人，神祕主義者。

4 **編按** 十五世紀，北方邦（Uttar Pradesh）人，印度的伊斯蘭蘇菲神祕主義者，其著作繁體中文版有《卡比爾之歌100首靈性詩選》，自由之丘出版。

5 **譯注** 梵語，又譯「奉愛」。為印度教的虔誠信仰、供養傳統。

這些學派深深受惠於喀什米爾的佛教學派。濕婆哲學的這個分支主張，實相的終極本質超越了必然的「二元化」以及思想、概念和語言的二分法結構，因此被認為是非二元的。萊拉使用「希瓦」（śiva，作為「靜止」覺性〔'still' awareness〕的終極實相）和「夏克提」（śakti，覺性的活力或能量）[6]這類字眼，反映出她的濕婆教思想源起，而像「空性」（śūnyatā，虛空）這類詞語的運用，則是明顯受到佛教影響的證據。在她的詩作中，也可以發現蘇菲伊斯蘭教的傳統思想，其他部分也可能代表更多事物。

追尋真理與自由的瑜伽修行者

和大部分的哲學瑜伽修行者一樣，對萊拉來說，哲學是一種修行，是一種對真理與自由的追尋，需要徹底改變身體、心靈和覺性。這必須透過接受非二元的濕婆哲學的訓練，以及在心靈與呼吸的瑜伽訓練中實際體悟，才會實現。這樣的身體訓練目的是透過讓哲學理解成為日常生活行為表現的一部分，而把哲學理解變成現實。這種不二論（non-dualism）強烈拒絕構成現代社會生活的區隔、等級和排他的分類。這些社會、道德和宗教的分類，

6 **譯注** 又譯「沙克蒂」。

形成了我們在高與低、自我及他人，純淨和不潔等方面的經驗。萊拉對正統思想的屏棄，表現在她各種一般被視為「不潔」且顛覆傳統價值與行為的瑜伽密宗修行上，包括吃肉、飲酒，甚至在火葬場進行瑜伽練習以克服對死亡的恐懼，此外還有情欲的性行為。

密宗或精神鍛鍊結合了心靈與呼吸的瑜伽養成，目的在轉變我們對我們是誰，以及我們周遭世界的本質的一般認知與理解。他們嘗試解開各種概念結構，這些結構將我們在這個世界的生活和經驗組織成一個區隔的世界，游移在好與壞、高與低、對與錯、禁忌與非禁忌等相反觀點之間。

因此萊拉認為，無論是在身體、心靈或世界上，我們應該克服根深柢固的社會、情感和道德的區隔與等級。她主張，這些區隔在行為、道德和認知上困住了我們，為了要把覺性從蒙蔽它的概念結構中解放出來，瑜伽的理解和鍛鍊是必要的。她的詩歌提出可以打破包容和排斥、內在與外在、高與低等概念上固有的二元性的方法，以及這將如何徹底改變我們的感官、認知、身體與社會行為（第六十一節）。當她提到神時，她用了各種受歡迎的佛教和印度教名稱，例如「耆那」（Jina）[7]和「蓋沙婆」（Keśava）[8]，可以清楚看出她對宗教區隔的排斥。關於克服情感和道德的區隔時，她說：

好或壞，我都樂於迎接

我不用我的耳朵聽，不用我的眼睛看……（第九十一節）

他們猛烈羞辱我，連番咒罵我。

……我不為所動繼續前進。（第九十二節）

在萊拉的詩歌中，對於自由的本質的省思無所不在。對她來說，自由是認知到自身覺性的自由。自由**是**自我認知，認知到我們的真實本質是覺性，這種覺性的精髓在於它的**絕對自由**（svātantrya）與創造力。「希瓦」這種永恆的覺性具有力量，或是「概念性力量」，可以透過自身而將自己展現為有意識的存有（being）與無生命的物體（object）的世界。

我們體驗著這個屬於物體的世界，我們把這些物體認為是「我」和「非我」、「內在」（心理）或「外在」（物質）。然而，這些不過是覺性的自由（freedom of awareness）的表現。萊拉解釋，覺性或意識（consciousness）從內在散播出一張概念之「網」，並注入每個人的外在世界和內在生活（第一〇五節）。根據萊拉的看法，世界不過是概念上的「意識之網」，或更精確地說，是意識—能量的概念之網，因為意識與它所控制或「支配」的能量，

---

7 編按 意為勝者，即戰勝情欲和解除精神束縛的英雄。

8 編按 意為長髮濃密者。

是不可分的。從這個角度來看，身體和心靈也是概念性的結構，與它們所操控的能量不可分割。因此，瑜伽的心靈和呼吸訓練的目的，是在培養對這個屬於物體的世界的認知，包括自我，因為事實上，本初覺性（primordial awareness）的內容無非就是這個覺性本身。

打破內外區隔，解放自身的覺性

瑜伽認知帶領人去理解，這個通常被認為是個別而完全不同的物體世界，只是由一場覺性的審美性**戲劇**（aesthetic play of awareness）的表象所構成，而這場戲體驗起來是喜悅而滿足的。瑜伽修行因此剝離了這張概念之網。這張網掩蓋了世界與我們的實相是毫無障礙的覺性，而且頭腦強加的主客觀物體的具體性與堅固性都是「空虛的」（第八十六節）。他們透過改變表現為身體、心靈與世界的概念能量，來達到這一點。這需要改變控制這些能量的心靈，萊拉的描述是，透過強烈的心靈與呼吸的瑜伽訓練，「融化」心靈習慣性與普遍性的結構（第七十六～七十七節），透過訓練心靈以及它所控制的生命能量（vital energies），瑜伽士體悟到覺性的空性、非概念性本質，就是一切事物永遠存在的本質。這種認知被體驗為「綻放」（flowering）或覺性的自由（第一一〇節）。

萊拉也將這個自我轉化的過程解釋為二元性概念能量的精鍊與統一，這個概念能量代表男靈與女靈（希瓦與夏克提），並構成修行者心靈與身體。隨著我們覺性中的二元性概念能量的統一，內在與外在的區隔就消融了。瑜伽士不再受限於他的精神或身體認同——他不再認同自己的身心，或作為「我」或「我的」的任何其他精神或身體現象。這就是概念區隔的消融，這可以克服所有身體上的自我認同與擔憂（第四十三節）。這種非概念性的覺性就相當於感官世界與自我空性的體驗。那種「我」或這世界具有實質現實的「感覺」消失了，而是一種不同於覺性遼闊空間之現實且有所超越的現實。瑜伽士現在擺脫了所有概念上的限制。這就是他的「覺醒」或心靈轉化的體驗，在這個覺性擴展的體驗中，覺知（senses）以一種產生美學上的滿足或「品嚐花蜜」的感官體驗，「充滿」了他們的感知對象（sense objects）（第七十六節）。萊拉把這種概念化心靈的消融描述為以下的方式，一切都消融了，呈現出來的是空無一物：

當心靈消融時，還剩下什麼？
大地、以太[9]、天空，都變空了。（第七十三節）
當心靈消融時，還剩下什麼？

---

9 **譯注** ether，空元素。

〈心靈的〉空無與〈覺性的〉「空無」融合在一起了。（第七十四節）

空性與感官滿足的體驗就是意識到，人只**是**非概念性的本初覺性或**希瓦**，一種無法用語言文字想像或表達的體驗：

你正在尋找的至上訊息
即是濕婆你自己。（第一三六節）

重要的是要注意，萊拉的哲學實踐代表著一種傳統的民主化。她成就這件事的方式是，透過簡單的詞彙、日常生活的影像和比喻，來闡述複雜的哲學思想。加上她對社會禁忌的公開駁斥，讓她的觀念獲得社會各界包括學者與目不識丁者的歡迎。萊拉的自由哲學試圖消融宗教、種性與階級、性別與性、身與心、自我與世界的區隔與等級。這樣做的目的是為了追求一種普遍的、所有人都可以觸及的自由，這是一個人自身覺性的真正本質。藉由喚起自由就是永遠存在的覺性可能性，她的哲學能夠直達人類經驗的真正核心，並吸引人更深入研究她的思想與實際作為。它啟發了我們，藉由超越那些形塑了我們自己覺性的概念性邊界、區隔與等級，去探究今天人類自由的可能性。

Lalla

主要文本

- Hoskote, Ranjit, (trans.), *I, Lalla: The Poems of Lal Ded*, New Delhi: Penguin Books, 2011

推薦延伸閱讀

- Kachru, Sonam, 'The Words of Lalla: Voices of the Everyday Wild', *Spolia Magazine*, The Medieval Issue, No. 5, 2013
- Kak, Jaishree, *Mystical Verse of Lallā: A Journey of Self-Realization*, Delhi: Motilal Banarsidass, 2007
- Toshkhani, Shashishekhar (ed.), *Lal Ded: The Great Kashmiri Saint-Poetess*, New Delhi: A.P.H. Publishing Corporation, 2000
- Voss Roberts, Michelle, 'Power, Gender, and the Classification of a Kashmir Śaiva "Mystic"', *Journal of Hindu Studies*, Vol. 3, 2010, 279–297

本文作者

夏利妮・辛哈｜Shalini Sinha

是雷丁大學（University of Reading）的非西方哲學講師。她在薩塞克斯大學（University of Sussex）獲得博士學位，曾在約克大學（University of York）和倫敦大學東方與非洲研究學院（SOAS）任教。她的研究主要關注印度哲學的主題，尤其是印度教和佛教的形而上學和倫理學、心靈哲學和行動哲學。

Mary Astell
瑪麗·阿斯特

1666–1731

席夢・韋伯 著
Simone Webb

女性主義思想先行者，以哲學鼓勵女性發展自主性

以神學與哲學挑戰性別不平等，儘管矛盾仍努力提出解方

在下一章，你將會讀到瑪麗・沃斯通克拉夫特（Mary Wollstonecraft）的故事，你可能聽過她的大名，當人們憶及早期的女性主義者，她的名字是大家能想到的最響亮的一個。不過，你可能不太熟悉本章的主角。就和沃斯通克拉夫特一樣，瑪麗・阿斯特分析了女性相對於男性受到壓抑的情況，並且也像她的後繼者一樣，提出了深思熟慮的解決方案。她的女性主義哲學論文《給女士們的嚴肅建議》（*A Serious Proposal to the Ladies*，一六九七年），比沃斯通克拉夫特更為人所知的《為女權辯護》（*A Vindication of the Rights of Woman*，

一七九二年）早了一個世紀。不過，阿斯特的寫作主題不限於女性主義思想，她豐富的著作包括神學、形而上學、知識論（epistemology）[1]、倫理學，以及當時錯綜複雜的政治評論文章。對現代的讀者來說，她充滿了令人感到奇怪的矛盾：在一篇文章中，她尖銳而激進地寫到婚姻對女性的負面影響；但在另一篇文章中，她又是一個對現有社會階級制度的完全保守派。在同一篇文章中，你可能會在她對基督教充滿真誠的虔敬旁，找到機智的嘲諷。

對於阿斯特的生平，我們所知甚少。不同於安妮・康威女爵（Lady Anne Conway）[2]或瑪格麗特・卡文迪什女爵（Margaret Cavendish）[3]等幾位近代早期主要的女性哲學家，阿斯特並不是貴族，她的父親是新堡（Newcastle）的一名煤商。和十七世紀英格蘭大多數的女性一樣，她沒有受過正規的教育。不過，她有一個非常聰明的叔叔拉夫・阿斯特（Ralph Astell），有人認為，她叔叔可能當過她的家庭老師。他和一群被稱為劍橋柏拉圖學派的哲學家有往來，因此在阿斯特後來的書寫中也可以看到柏拉圖學派的影響。

阿斯特的父親在她十二歲時過世，一家人因此陷入財務困境。由於身為女人，她的機會有限，加上她不想或者沒有機會結婚，於是阿斯特在二十歲出頭移居倫敦。她有幸得到坎特伯里（Canterbury）大主教威廉・桑克羅夫特（William Sancroft）的幫助與人脈。此後不久，她就開始寫作。她終身未婚，大膽選擇獨自生活，與倫敦其他有知識的女性建立友誼，並接受她們的資助。一七〇九年，在凱薩琳·瓊斯女爵（Lady Catherine Jones）與「貝蒂夫人」伊莉莎白·黑斯廷斯女爵（Lady Elizabeth Hastings）等友人的支持下，她在切爾西（Chelsea）為貧困的女孩開設了一所慈善學校。她的生活非常禁欲，也很虔誠。她死於乳癌，享年六十三歲。

但是，讓今天的我們認識到阿斯特的大名，不是因為她的慈善事業或個人奉獻，而是她的著作。她發表的第一個文本是之前提到的《給女士們的嚴肅建議》的第一部分（一六九四年），幾年後，一六九七年，發表了第二部分。一七〇〇年，她發表了另一篇女性主義思想的著作《對婚姻的一些反思》（*Some Reflections Upon Marriage*），接下來幾年，她特別寫了有關當代政治的《英格蘭教會的一個女兒所信奉的基督教》（*The Christian Religion, as Professed by a Daughter of the Church of England*，一七〇五年，下文簡稱《基督

---

1 **譯注** 又譯「認識論」，研究知識的性質、起源和範圍、認識論的正當性、信念的合理性以及各種相關問題。

2 **編按** 一六三二～一六七九年，英國理性主義哲學家。

3 **編按** 一六二三～一六七三年，英國自然哲學家、科學家，也是詩人、劇作家和科幻小說家。在女性多匿名發表著作的當時，她罕見地以本名出版多本作品。

教》），這也是她的代表作。這份長篇大論的神學與哲學文本也挑戰了性別不平等的社會。阿斯特敦促女性去學習與理解宗教信仰中的理性基礎，而不是接受權威的教條。

重視心靈理性更甚感官經驗，以笛卡兒學說發展女性主義思想

在十八世紀初期的哲學環境中，阿斯特是一位很重要的人物。儘管身為女性，遇到很多阻礙，但她依然直接與間接地和當時知名的思想家往來。在她職業生涯開始的初期，她就發表了《關於上帝之愛的書信》（*Letters Concerning the Love of God*，一六九五年），書中包含了一系列她與約翰．諾利斯（John Norris）之間的書信，諾利斯在今天鮮為人知，但在他的時代，是一位非常傑出的人物。約翰．洛克（John Locke）[4]是那個時代最出名的一個哲學家，阿斯特雖然沒有和他直接交流，但她仔細研究了他的哲學，並尖銳地批評了他的經驗主義思想（empiricist）[5]。她還間接挑戰了另一位當代女性哲學家達馬里絲．瑪

4 編按 一六三二～一七〇四年，著名哲學家，為啟蒙運動中英國經驗主義代表人物，並被稱為自由主義之父。

5 譯注 主張知識僅來自或主要來自經驗。

莎姆（Damaris Masham）[6]，又稱達馬里絲・卡德沃斯、達馬里絲・卡德沃斯・瑪莎姆女爵（Damaris Cudworth, Damaris Cudworth Masham and Lady Masham），她是洛克的朋友與伴侶。在《基督教》中，阿斯特駁斥了瑪莎姆在她自己的論文《有關上帝之愛的論述》（*A Discourse Concerning the Love of God*，一六九六年）中提出的論點，雖然阿斯特給人的印象像是在回應洛克的思想。瑪莎姆和阿斯特以及幾乎當時所有寫作的女性一樣，都是以匿名方式發表著作。

阿斯特的著作在寫作期間廣為流傳，但在她過世後，很快就銷聲匿跡了。女性知識分子透過分享與討論她的書籍，運用她的觀點來支持自己對知識的追求。雖然以匿名方式寫作，但阿斯特的身分並不完全是祕密。她的著作在十七世紀末與十八世紀初廣為人所知，並曾受到強納森・史威夫特（Jonathan Swift，如今他以著作《格列佛遊記》〔*Gulliver's Travels*〕更為人所知）的嘲諷；另外，十八世紀著名的唯心論哲學家喬治・貝克萊（George Berkeley）[7]也曾在他彙編的《女士的圖書館》（*The Ladies Library*，一七一四年）中抄襲過。

所以，阿斯特在哲學上的立場是什麼？除了我接下來很快就會談到的女性主義思想，她也探討了當時的幾個關鍵問題。我們可以廣義地稱呼她為笛卡兒學派和柏拉圖學派，也就是說，她繼承了「現代哲學之父」勒內・笛卡兒（René Descartes）[8]以及最早、最偉大的哲學家之一柏拉圖的哲學立場。這表現在她的一種傾向中：她強調精神超越物質的價值，並且主張，比起透過感官覺知到的知識，透過理性反思與神性接觸得到的知識更為確定。在《給女士們的嚴肅建議》中，她主張，我們應該「盡可能地從有形事物中收攝回來，這樣比較能聽到純粹的理性；善用我們的感官被設計出來的功能……但在我們對真理的探究中，不要依賴感官的見證」。這與洛克的經驗主義完全相反，經驗主義把心靈視為一個新的開始，或一塊白板（*tabula rasa*），直到透過世俗的經驗才得到知識。事實上，阿斯特在幾個重要的哲學與神學觀點上，強烈反對洛克的主張。就像笛卡兒，阿斯特主張有一種非物質、不朽的心靈的存在，它在**這個**世上與一個物質的、會死的身體結合在一起，但是心靈比那具身體更優越，因此值得更多的關照與注意。但是她和笛卡兒也不完全一樣，她不認為心靈的本質可以被人類理解，並進一步主張，不是所有的心靈都一樣，或有相同的能力。但是心靈之間不相等的能力，並不是因為性別；女人與男人在理性以及有德行的能力上，天生就是平等的。

---

6 **編按** 一六五八～一七〇八年，早期英國女哲學家。以匿名方式出版哲學著作，其思想亦見於她與洛克和萊布尼茨的通信。

7 **編按** 一六八五～一七五三年，被認為與洛克和休謨同是英國經驗主義的代表哲學家。

8 **編按** 一五九六～一六五〇年，著名法國數學家、哲學家。重視理性，被稱為「理性主義」創始者。

就這樣，阿斯特應用笛卡兒的思想來支持她的女性主義論點。如果男人與女人的心靈本質上是一樣的，就沒有理由禁止女人接受同樣的教育，以及只鼓勵男人去追求的自我成長。阿斯特的很多哲學觀點都支持了她的女性主義立場，例如，她關於人類自由意志與自主性的理論，強化了她的信念，認為女人習慣於**缺乏**這種自主性。越來越多針對阿斯特思想的學術研究確實顯示，她在不同領域的立場互相緊密連結在一起，並形成了一個連貫而整合、獨一無二的哲學體系。

主張女性可透過哲學反思，成為自己內心的王

阿斯特與後來的女性主義思想不同，她對女性的關心並不是她們沒有**權利**，或在物質上受到父權社會的壓迫。相反的，阿斯特指出，女人**自己**是如何被社會習俗扭曲與敗壞，加上缺乏教育，讓女人經常出現驕傲與虛榮等道德缺陷。她在《給女士們的嚴肅建議》中提到：「如果我們從嬰兒期就在無知和虛榮中長大，被教導要驕傲與任性……幽默而反覆無常，這些行為的不良影響出現在我們人生中所有未來的行為中，並不是奇怪的事。」社會上的性別歧視讓女人很難成為理性與有道德的人。

她對這個問題的解答，並不是為了要提倡大規模的社會變革。她認為：「男人因此依

然可以享受他們對我們的特權，我們無意去危害他們的任何法定特權。」相反的，為了解決婦女面臨的問題，阿斯特提出了一個雙重策略。首先，也是最知名的，她提出了一個全女性教育避靜營計畫，女人可以在其中把自己培養成有德行、理性的人，並與其他女人建立更好的友誼，「這個機制的一個重要目的就是，以大量扎實而有用的知識裝備我們的心靈，以驅走社會習俗使我們壟罩其中的無知之雲。」第二，她勾勒出一種知識與道德的修練方法，讓每一個女性都可以遵從，以修練自己。藉由實踐哲學反思與自我控制情緒，女性就可以從**內在**擺脫社會習俗與自己情緒波動的擺布，「我們唯一的努力就是，成為自己內心絕對的王。」阿斯特希望，她的女性讀者即使在法律與社會地位上沒有任何改變，也可以得到自主性。

除了《給女士們的嚴肅建議》，阿斯特在《對婚姻的一些反思》提出了對婚姻的批判，今天讀起來仍然很激進。雖然她接受婚姻是一種神聖的制度，並且認為，在婚姻之中，女性確實有服從丈夫的義務，但她也主張，大多數的婚姻都對女性不利。男人常常以蠻橫、不合理的方式行使他們的權威與權力，強迫女性的理性與自主性要屈從於不適合的伴侶。阿斯特基於嚴格的基督教信仰而不允許離婚，這讓她認為，女性一旦進入婚姻就無法擺脫這個命運。但是她也暗示，如果不結婚，對大多數的女性更好，她寫道：「如果她們花些時間考慮與省思婚姻，也許很少人會結婚！」這種顛覆性的論點符合她在《給女士們的嚴肅建議》中提倡的獨立的婦女社區，在這些地方，女性可以擺脫男性在性與浪漫關係上的攻勢，因此「面對圖謀不軌的男性所展開的粗魯嘗試，也許可以保持安全」。

對現在女性主義思想而言的未竟之處

阿斯特的論點令人感覺自相矛盾。她的女性主義思想伴隨著深刻的社會保守主義，常被認為有所欠缺。舉例來說，她對女性教育空間的提議，很明確是針對有一定階級與財務管道的女性。這些都是「有身分的人」，負擔得起在這個提案中投入「五或六百英鎊」。她的著作也和貧窮與工人階級女性受到的壓迫完全無關，而且支持有階級的社會等級制度。她不完全是一個多元交織性（intersectional），女性主義者！你可能會看到她專注於女性的個人自我轉化，而不是集體抵抗，並未充分回應父權制度的壓迫。

另外，相對於非物質、不朽的心靈與靈魂，她貶低物質身體。這使她與一種強大的女性主義傳統格格不入——在這種傳統中，重新強調具體化身（embodiment）的重要性，並將心靈的提升闡釋為隱含著男性的理想。阿斯特以基督教信仰為核心的哲學與女性主義思想框架，可能不太適合越來越多的世俗讀者，以及一個宗教制度與信仰體系經常被指控在維護父權思想的世界。

儘管有這些問題，阿斯特仍然是一位脫穎而出的女性，她將自己獻身於其他女性，與女性特質以及提升女性能力的志業站在同一邊。儘管她過世後很快就被世人所遺忘，但是我們可以在整個女性主義思想史上，找到與她的思想互相共鳴之處。學者們現在把她的著作與現代女性主義有關權力、自主性、創傷與分離主義理論連結，最近的著作甚至將她的思想與「煤氣燈」（gaslighting）[10]現象連結。有人主張她是英國第一位女性主義者，這位思想家不僅指出男女之間的不平等，還把這些不平等發展成理論，呼籲要有補救措施，並提出解決方案。如果你想更了解她的著作，請拿一本《給女士們的嚴肅提議》並好好沉浸其中，這本書一如既往地尖銳、有趣、嚴厲，也是對這位才華洋溢、被低估的哲學家很棒的初步認識。

9 **譯注** 一種理論框架，用來理解多種個人身分的組合，例如性別、種族、性向、經濟能力、文化認同等，而引起的特殊歧視與壓迫。

10 **譯注** 一種情感操控手段，指故意用假訊息矇騙受害人，讓受害人產生自我懷疑，從而否定自己的記憶、認知與判斷。

Mary Astell

主要文本

- Astell, Mary, *Political Writings*, Patricia Springborg (ed.), Cambridge: Cambridge University Press, 1996
- — *A Serious Proposal to the Ladies*, Patricia Springborg (ed.), Broadview Press, 2002
- —*The Christian Religion, as Professed by a Daughter of the Church of England*, Jacqueline Broad (ed.), 'The Other Voice in Early Modern Europe – The Toronto Series', Vol. 24, 2013
- Astell, Mary, and Norris, John, *Letters Concerning the Love of God*, E. Derek Taylor and Melvyn New (eds.). London: Routledge, 2005

推薦延伸閱讀

- Broad, Jacqueline, *Women Philosophers of the Seventeenth Century*, Cambridge: Cambridge University Press, 2003
- — *The Philosophy of Mary Astell: An Early Modern Theory of Virtue*, Oxford: Oxford University Press, 2015
- Perry, Ruth, *The Celebrated Mary Astell: An Early English Feminist*, Chicago: University of Chicago Press, 1986
- — 'Astell, Mary (1666–1731), philosopher and promoter of women's education', *Oxford Dictionary of National Biography*, Oxford: Oxford University Press, 2009
- Sowaal, Alice and Weiss, Penny, (eds.) *Feminist Interpretations of Mary Astell*, University Park, Pennsylvania: Pennsylvania State University Press, 2016
- Webb, Simone, 'Mary Astell's *A Serious Proposal to the Ladies*', *1000-Word Philosophy: An Introductory Anthology*, 2018

本文作者

席夢・韋伯｜Simone Webb

正在倫敦大學學院攻讀性別研究博士學位。她的研究讓瑪麗・阿斯特與法國思想家米歇爾・傅柯（Michel Foucault）的後期倫理學著作進行對話，主張兩者能夠互相闡明，並為現代女性主義的實踐提供有用的指引。學術興趣為早期現代哲學、傅柯學派倫理學和皮埃爾・哈多（Pierre Hadot）的《哲學是一種生活方式》（*Philosophy as a Way of Life*），此外她還致力於公共和社區哲學，經常在斯圖亞特・洛信託（Stuart Low Trust）哲學論壇擔任志工。她是牛津大學的哲學、政治和經濟學學士，並在同所大學取得女性研究碩士學位。

Mary Wollstonecraft

瑪麗·沃斯通克拉夫特

1759–1797

桑德琳·伯格斯 著
Sandrine Bergès

寫下女性主義早期經典，強力捍衛女性教育權

從成長經驗理解女性社會處境難題

瑪麗·沃斯通克拉夫特雖然不是一個家喻戶曉的名字，但在這本書中，可能還是比其他女性更為人所知。她在今日的名氣是由於她無所畏懼地捍衛女性的權利，並呼籲徹底的教育改革，但是這個認知是相當晚近才出現的。沃斯通克拉夫特生前就因她的著作而聞名，但過世後沒幾年，她的名氣就大幅下滑，這比較與她的生活選擇有關（她的丈夫在幫她寫的傳記中，透露了太多個人細節），而不是因為她的著作。二十世紀初，她再度受到女性主義者的歡迎，例如維吉尼亞·吳爾芙（Virginia Woolf）與艾瑪·高德曼（Emma

Goldman）[1]，但是再一次，仍是她的生活、而不是她的作品吸引了她們的注意。

我第一次接觸到沃斯通克拉夫特是因為，我的一位男同事提出在我們的政治思想史課程中沒有足夠的女性，並提供了《為女權辯護》（*A Vindication of the Rights of Woman*，一七九二年）作為補充。接下來幾天我讀了這本書，然後就再也不走回頭路了。

沃斯通克拉夫特於一七五九年出生於倫敦，在她出生後不久，她的家人從祖父那裡繼承了工廠。但她的父親愛賭又酗酒，到了瑪麗十幾歲的時候，家裡已經變得很窮困了。他們為了躲避債主，不斷搬家，也因此忽略了瑪麗的教育。她是一個聰明而有好奇心的孩子，也善加利用了每一間碰到的圖書館，並得到了非常扎實的教育（雖然她不懂希臘文與拉丁文，她的法語也不如她希望的那樣流利）。從她的書信中追蹤她寫作技巧的進步，是很有意思的事，起初是青少年時期她和住在約克郡貝弗利（Beverley, Yorkshire）的朋友簡·亞頓（Jane Arden）的通信，拼寫錯誤、措辭笨拙；但到晚年時，她描寫斯堪地那維亞的信件，已經變得巧妙、用字優美、見解精闢了。

沃斯通克拉夫特的成長經驗，也讓她痛苦地學到了：當女性沒有自己的權利，在社會中身為一個女人會面臨到什麼狀況。她的父親是個很暴力的人，只要喝酒，就會對母親拳

1 **編按** 一八六九～一九四〇年，二十世紀前半北美與歐洲無政府政治哲學發展的關鍵人物。

腳相向。雖然瑪麗對母親的類虛構（quasi-fiction）描述非常無情——她抱怨她的母親對她不感興趣，非常冷漠，但透過她的丈夫威廉．戈德溫（William Godwin）[2]告訴我們的，在她父親喝醉酒的晚上，年輕的瑪麗會暫時睡在母親臥室門前，以保護她的母親。毫無疑問，與一個有暴力傾向的父親一起生活的經驗，讓她及早了解，女性在婚姻中的依賴意味著什麼。在她快三十歲時，她新婚的姊姊抱怨，她的丈夫有暴力傾向，她無法與他住在一起了。沃斯通克拉夫特馬上為姊姊策劃了逃跑計畫，並從那時候起，就開始負責姊姊的安全。

一位女性教育作家的登場

也許是因為一開始她就負責自我教育，瑪麗成為作家的第一個關心重點，以及她謀生的最初嘗試，就與教育有關。瑪麗和她的兩個姊妹與最好的朋友范妮．布拉德（Fanny Blood）在紐因頓格林（Newington Green）成立了一所女子學校，那個地方在當時還是北倫敦的一個小村子。這所學校沒有持續太久，因為范妮和未婚夫搬到葡萄牙，但在分娩後，病得很重。瑪麗前往葡萄牙，想去幫助她，但范妮不久就過世了，等瑪麗回來時，學校也破產了。但是，這段生活經驗構成了瑪麗人生中的很大部分，因為她的寫作大部分都和女孩的教育有關。

學校倒閉之後，沃斯通克拉夫特負債累累，她想到的第一個辦法就是寫一本書，在《女教論》（*Thoughts on the Education of Daughters*，一七八七年）中，她開始發展有關促進教育中性別平等的論點，特別是抽象思考方面的培養。她也提倡年輕女性在結婚之前要出國去旅行，她說這就是男性相對於他們妻子所得到的不公平優勢，他們在安頓下來成家生子之前，被允許去體驗這個世界。這本書賣得很好。當時的教育書籍很受歡迎，她的出版商強森（Johnson）是這個領域的專家。但是瑪麗依然負債中，為了清償債務，她自學了法文，並在一個信奉新教的愛爾蘭貴族家庭金斯伯勒家族（the Kingsboroughs）中，擔任家庭教師。這個工作並沒有讓她感到順心如意，她抱怨雇主膚淺又蠻橫。不過，她的一個學生瑪格麗特（Margaret），成了她終身的朋友與景仰者。然後，她再次花些時間觀察並累積她的哲學思想。她經常評論貴族作派對整個社會、特別是對小女孩的負面影響，毫無疑問，這些看法是來自她在愛爾蘭的觀察。在這裡，瑪麗再一次受益於向圖書館借書閱讀的好處，與金斯伯勒家族在一起的期間，她閱讀了讓・雅克・盧梭（Jean-Jacques Rousseau）的書，他是十八世紀的法國政治哲學家，當時他的小說和他的教育與政治著作一樣出名。由於受

2 **編按** 一七五六～一八三六年，英國記者、政治哲學家、小說家。被認為是功利主義的早期解釋者，以及無政府主義的現代倡導者之一。

到盧梭著作融合自傳、小說與哲學的啟發，她計畫了一本書，以和她自己同名女主角「瑪麗」作為書名。《瑪麗：一部小說》（*Mary: A Fiction*，一七八八年）講述了一個年輕女子在孩提時代被忽略，透過閱讀與寫作來啟迪自己才智的故事。瑪麗先是對友誼感到失望，後來又對愛情感到失望，最後她安於兩個靈魂之間非肉體的愛的關係。

沃斯通克拉夫特與雇主相處得很不愉快，所以無法久留在他們家。她回到倫敦，第一個拜訪的人就是她的出版商喬瑟夫・強森（Joseph Johnson）。他立刻提供了她位於店鋪上方的房間，並給了她一份工作：為他的《分析評論》（*Analytical Review*）翻譯與審稿；她在這裡從一七八七年住到一七九二年。她離開後，繼續為強森工作，直到一七九七年過世。

以出版商的身分工作意味著，沃斯通克拉夫特在寫一本書之前，不需要先徵求訂閱者。對當時代的人來說，這就是她們和印刷廠簽合約最有保障的方式，要先收集足夠的保證人，書一寫完就會購買這本書，大致上就像今天的群眾募資。強森知道什麼會賣，所以很熱衷要瑪麗寫更多教育文本給他。在《瑪麗：一部小說》之後，沃斯通克拉夫特接下來的兩本書是一本給年輕女士的讀物集，以及《真實生活的原創故事》（*Original Stories from Real Life*，一七八八年），內容是一些道德故事，主軸是一個女老師和兩個年輕學生學習認識世界與如何尊重他人，不論男女、貧富，甚至動物。沃斯通克拉夫特對教育的投入精神，伴隨她的一生，直到生命的盡頭，而她最知名的著作《為女權辯護》從很多方面來看，就像是一本教育改革的論文。她認為，女性如果要在社會中獲得應有的地位，就需要以和男性同樣的方式接受教育。

不平等的婚姻猶如蠻橫的主奴關係，為人權與女權辯護

當艾德蒙・柏克（Edmund Burke）[3]在他反對法國大革命的小冊子中攻擊瑪麗的朋友與導師理查・普萊斯（Richard Price）[4]時，她寫了第一個回覆《為人權辯護》（*Vindication of the Rights of Men*，一七九〇年）。在書中，她首先闡明她的信念：自由，意味著不受支配，因此，一個人在某種程度上保持獨立是很重要的，他要有能力並且能夠做出自己的決定。在革命之前，法國農奴是無法獨立的，因為他們無力反抗他們的主人，因為他們缺乏

3 **編按**　一七二九～一七九七年，英國政治家、演說家、政治理論家和哲學家。曾在下議院擔任輝格黨的議員。於法國大革命隔年出書表達反對立場，被認為是現代保守主義之父。其著作繁體中文版有《崇高與美之源起》，典藏藝術家庭出版。

4 **編按**　一七二三～一七九一年，英國威爾斯出身的道德哲學家、牧師、數學家，也是政治活動家，支持美國獨立運動和法國大革命，與美國建國元勛等人有往來。一七八九年，他在英國發表題為《愛我們國家的話語》（A Discourse on the Love of Our Country）的佈道演講和小冊子，表達支持法國大革命的立場，將其與一世紀前英國的光榮革命相提並論，從而引發了一場小冊子論戰。

知識上的資源去了解這樣做的意義。同樣的，在物質生活上依賴丈夫的婦女也是不自由的，即使她自己沒有意識到，因為如果沒有丈夫的同意，她根本無法為自己做出很多選擇。從這個意義上來說，不平等的婚姻就和主人與奴隸的關係一樣，都是一種蠻橫的狀態。在《為人權辯護》中，沃斯通克拉夫特為法國大革命中的共和黨人辯護，認為法國的窮人對富人的依賴關係令人無法忍受，他們也無法輕易打破這種關係，因為這種關係也阻礙了他們發展出獨立的思考能力。因此，沃斯通克拉夫特的第一次哲學戰鬥是為了窮人，並不是專門為了女人。

強森印刷了她的書，卻沒有印刷幾週後托馬斯・潘恩（Thomas Paine）[5]自己的答覆《人權宣言》（*Rights of Man*，一七九一年）。隔年，強森看到瑪麗陷入憂鬱，於是建議她寫一本捍衛女性權利的書。她寫了，她轉而探討共和思想如何影響女性，尤其是（缺乏）教育如何使她們準備好面對受到支配的人生。沃斯通克拉夫特認為，被支配的人通常失去拿回自由的意願，這個說法預告著，受壓迫者有時候會調整自己的偏好，以順應現實。他們反而會「擁抱他們的鎖鏈」，並認為他們的狀況是正常的，有時候甚至是令人滿意的。

在《為女權辯護》第二版發表之後，也是強森建議瑪麗前往巴黎，去寫關於革命的文章。

瑪麗於一七九二年抵達巴黎，當時國王的審判剛剛開始。她寫道，她最先看到的幾個景象是國王路易（Louis）被送往法院，那場面極為恐怖，國王極為莊嚴，讓她忍不住哭了。她在巴黎遇到了美國企業家吉爾伯特·伊姆利（Gilbert Imlay），並成為他的情人。一七九四年，她懷了他的孩子，於是在美國大使館（假裝）註冊為他的妻子，以免因英國婦女的身分被送入監牢。為了安全起見，她先是搬到郊區，在生下女兒范妮之後，搬到了勒阿弗爾（Le Havre）。在法國的兩年半期間，她寫了《歐洲法國大革命起源和進展的歷史觀和道德觀》（*An Historical and Moral View of the Origin and Progress of the French Revolution*，一七九四年），是一本針對米拉波（Mirabeau）、布里索（Brissot）、孔多塞（Condorcet）[6]等革命家所寫文本的評論。

從坎坷際遇中醞釀出的思想著作

當瑪麗待在勒阿弗爾寫作並照顧剛出生的孩子時，伊姆利在倫敦和一名歌劇演員同

---

5 **編按** 一七三七～一八〇九年，英裔美國政治思想家、革命家。三十七歲從英國移居至北美殖民地，之後參加美國獨立運動。

6 **編按** 三人皆為十八世紀法國大革命時期的法國革命家。

居。她發現時，曾經想要自殺。為了要幫助她，或許也是讓她不要礙事，伊姆利差她去一趟斯堪地那維亞，調查他從法國走私的一批遺失的白銀去向。瑪麗帶著代理權、她的小女嬰與一名法國女僕，前往北方。旅居北歐期間，她寫了《短居瑞典、挪威與丹麥期間所寫的書信》（*Letters Written During a Short Residence in Sweden, Norway and Denmark*，一七九六年），內容是她對斯堪地那維亞半島的社會、政治與美學的省思。

沃斯通克拉夫特從斯堪地那維亞回來時，她的朋友瑪莉·海斯（Mary Hays）把她介紹給哲學家威廉·戈德溫，他們曾經在強森的公司見過一次。兩人在一七九七年成為情人，在她發現自己懷孕之後，他們結婚了。在她懷孕期間，她寫了一本小說《瑪麗亞：或女人的冤屈》（*Maria; or, The Wrongs of Woman*，出版於她過世後的一七九八年），有些人把這本書視為第二本《辯護》[7]的續集。《瑪麗亞》探討的主題是，受支配的狀態是如何傷害女性，無論她們的社會背景為何。本書講述了一個貴族女性瑪麗亞的故事，她嫁給了一個霸道的男人，他把她關在瘋人院裡，這樣她就無法帶著孩子離開他。而她的看守者潔邁瑪（Jemima）是一個可憐的女人，從小就被虐待，並流落街頭，淪為妓女，直到她很幸運地能夠自學，並得到這份工作。小說講述了這兩個女人如何慢慢學會互相信任，看到彼此的相同與相異之處。在這段期間，沃斯通克拉夫特還開始寫一本有關兒童教養的書，強調母親與父親角色的平等，並為另一本哲學論文做筆記。但她來不及完成任何論文——她在一七九七年九月，生下第二個女兒瑪麗的十天之後，便因產褥熱而過世。

瑪麗的大女兒范妮·伊姆利（Fanny Imlay）在成年後就自殺了。瑪麗·戈德溫（Mary Godwin）遺傳了母親對寫作、旅行的熱愛，以及偏好不可靠的男人的不幸。她後來嫁給珀西·雪萊（Percy Shelley），並寫了英國文學中最偉大的小說之一：《科學怪人》（*Frankenstein*）。

沃斯通克拉夫特並不是唯一主張女性要接受更好的教育、指出她們的聰明才智其實與男性相當的哲學家。她也不是第一個譴責社會習俗讓女性無法發揮潛能的人。但她是第一位捍衛這些觀點，並主張現在就應該實施這些觀點的人。她提出的不僅僅是建議。無論是兒童故事還是政治哲學論文，她的書寫總是指示著，現在就應該將改革付諸行動。從這個意義來說，她與瑪莎·納思邦[8]和阿馬蒂亞·沈恩（Amartya Sen）[9]等當代哲學家有更多共同點，她做的事是改變世界，分析造成痛苦的原因，並爭取最好的解決辦法。

---

7 **編按** 應指一七九二年的《為女權辯護》，第一本為一七九〇年的《為人權辯護》。

8 **編按** 見本書〈引言〉註1。

9 **編按** 一九三三年～，當代最具影響力的印度經濟學家，哈佛大學哲學與經濟學教授，因福利經濟學和社會選擇理論研究於一九九八年獲頒諾貝爾經濟獎。其著作繁體中文版有《正義的理念》，商周出版。

Mary Wollstonecraft

主要文本

- Wollstonecraft, Mary, *Thoughts on the Education of Daughters: With Reflections on Female Conduct, in the More Important Duties of Life*, London: Joseph Johnson, 1787
- — *Mary: A Fiction*, 1788, New York: Garland Press, 1974
- — *Original Stories from Real Life: with Conversations Calculated to Regulate the Affections and Form the Mind to Truth and Goodness*, London: Joseph Johnson, 1788
- — *A Vindication of the Rights of Men, 1790, in Janet Todd (ed.), Political Writings: A Vindication of the Rights of Men, A Vindication of the Rights of Woman and an Historical and Moral View of the French Revolution*, (republished by Oxford University Press, 2008)
- — *A Vindication of the Rights of Woman*, 1792, in Todd, 2008（版本同上）（繁體中文版《為女權辯護》，五南出版）
- — *An Historical and Moral View of the Origin and Progress of the French Revolution and the Effect it Has Produced in Europe*, 1794, in Todd, 2008（版本同上）
- — *Letters Written During a Short Residence in Sweden, Norway and Denmark*, 1795, in Ingrid Horrocks (ed.), Broadview Press, 2013
- — *Maria; or, the Wrongs of Woman*, fragment, begun in 1796. In Godwin 1798 (see below)
- — *The Memoirs and Posthumous Works of the Author of A Vindication of the Rights of Woman*, William Godwin (ed.), London: Joseph Johnson, 1798; Gina Luria (ed.), New York: Garland Press, 1974

推薦延伸閱讀

- Bergès, Sandrine, *The Routledge Guidebook to Wollstonecraft's A Vindication of the Rights of Woman*, London and New York: Routledge, 2013
- Halldenius, Lena, *Mary Wollstonecraft and Feminist Republicanism: Independence, Rights and the Experience of Unfreedom*, London: Pickering & Chatto, 2015
- Todd, Janet, *Mary Wollstonecraft: A Revolutionary Life*, London: Weidenfeld & Nicolson, 2000

本文作者

桑德琳・伯格斯｜ Sandrine Bergès

是畢爾肯大學（Bilkent University）的副教授。她是 Vox 計畫以及新敘事計畫（New Narratives Project）國際小組的活躍成員，致力於將女哲學家的重要文本引入教學與研究。她也是土耳其—歐洲網路（Turkish-European Network）的共同創辦人，致力於女性哲學家與土耳其女性哲學家協會（Society for Women in Philosophy in Turley, SWIP-TR）的研究。

Harriet Taylor Mill

哈麗特·泰勒·彌爾

1807–1858

海倫・麥凱布 著
Helen McCabe

與伴侶並駕齊驅的思想家，對政治經濟卓見不凡

與哲學家的相識相戀

哈麗特・泰勒・彌爾[1]的才智貢獻，因她的第二任丈夫約翰・斯圖亞特・彌爾（John Stuart Mill）[2]的學術地位而蒙塵了太久，儘管他盡了最大的努力讚揚她的工作為啟發者、討論者、合作者與共同作者。斯圖亞特・彌爾的說法之所以被忽略，通常是因為對泰勒・彌爾的個人批評。在這裡，我一方面會試著撥開一些厭惡情緒與

1 **作者注** 哈麗特・泰勒・彌爾（Harriet Taylor Mill）其實並不真正是她的名字，她原來叫哈麗特・哈代（Harriet Hardy），後來是哈麗特・泰勒（Harriet Taylor），然後是哈麗特・彌爾（Harriet Mill）。根據她的情況，正確性很令人困惑。

2 **編按** 一八〇六～一八七三年，十九世紀英國著名的政治經濟學家與自由主義哲學家。

厭女症的迷霧，另一方面也會試著移開斯圖亞特・彌爾對她的讚揚。她是人，是個女人，而且很不平凡。

哈麗特[3]於一八〇七年十月八日出生於倫敦，是哈麗特與托馬斯・哈代（Harriet and Thomas Hardy）的女兒。父親是一名外科醫師，家裡有六個兄弟姊妹。她非常反對父母自私自利的狹隘心態。她在家裡受教育，學會了幾種語言，並廣泛閱讀文學、歷史與哲學，並與報紙與期刊的議題保持同步。雖然她殘缺不全的手稿與信件見證了她對自己的不滿：「我的筆跟不上我的感覺」，但她完成的作品文雅而氣度恢弘。

根據同時代的人的記載，她長得非常美麗，脖子長、鵝蛋臉、有大而寬的深棕色眼睛、可以勾勒出臉龐的長長黑捲髮，還有那種穿黃色也很好看的膚色（正如她在國家肖像畫廊〔National Portrait Gallery〕中的肖像所顯示的那樣）。但她也才智過人、熱情洋溢、富想像力、見解精闢、固執、有愛心、體貼，有時候會義憤填膺，痛恨殘酷、不公、惡意、小氣，以及知識與情感上的不誠實。

一八二六年，她與二十九歲的藥品批發商約翰・泰勒（John Taylor）結婚，她形容他是一個正直而慷慨的人，「勇敢、值得尊敬，思想自由，受過良好教育」，她全心全意地愛著他，在她的《全集》（*Complete Works*，一九九八年）中大略如此描述。他們的長子哈伯特（Herbert）出生於一八二七年，阿爾傑農（Algernon，又名哈濟〔Haji〕）跟著在一八三〇年出生，最後是一八三一年出生的海倫（Helen，又名莉莉〔Lily〕）。

泰勒夫婦都參與了激進的政治活動，並走進了自由思想的圈子，這個圈子也擁抱了約翰·斯圖亞特·彌爾。朋友們並不知道，當時彌爾正從「極度沮喪」中恢復過來，因為他對改革失去信心，但他幾乎是由他的父親詹姆斯·彌爾（James Mill）與知名的功利主義者傑若米·邊沁（Jeremy Bentham），為了完成改革而培育出來的人才。哈麗特在她的《全集》中寫道，「他的人生所賴以建立的整個根基倒塌了」，因此他急著找到「一股自然充沛的力量，以重新開始形成他的性格」。彌爾在哈麗特身上發現了這股力量。

彌爾似乎是劃過她人生中夏日天空的一道霹靂，而她則是劃過他黑暗人生的一道閃光。他們很快就深深地墜入愛河。雖然哈麗特試著切斷關係，但彌爾抗議，他寫道，他們的道路「雖然分開，但可以、也必須再相遇。這並不是結束」。的確，他們的關係並未結束。

---

3 **編按** 儘管原文中只有此處作者以「哈麗特」稱呼本文主角，後方皆以婚後姓氏稱其為「泰勒·彌爾」，但考慮到中文的易讀性，後方譯文仍以其名字「哈麗特」稱之，以求與兩任伴侶的指稱清楚區隔。

對婚姻本質的哲學思考與生命驗證

哈麗特寫了很多關於婚姻、女性權利、女性教育、社會凌駕個人的權利，特別是關於當時婦女的品德與幸福的文章。她的分析極為細膩、富有見地，很有原創性。她把性與我們現在所說的性別分開，解釋了由於一出生就受到的教育，性別意識即使在女性心中根深柢固，仍然是一種社會建構；以及確定了現在所謂父權思想的核心要素。她強烈批評丈夫對妻子行使的權力，以及社會不知不覺形塑與扭曲個人心靈的力量。她還對婚姻真正的本質（以性換取生計）、當前婚姻誓言的錯誤、離婚的不可能、情投意合的成年人之間示愛的立法，都提出了大膽的主張；也主張自我成長的快樂、個性，還有享受人生（而非禁欲地拒絕享受）等的重要性。她將性與道德連結起來，認為：

> 性的真正與最好的意義似乎是，體現人性中至高至美的一切的一種方式……將這種肉體的感覺擴展與精煉到最高層次……最能實現創造的目的。也就是說，誰最享受，誰最有德。

她和彌爾是否將這種哲學付諸行動，仍在爭議中。但在一八三三年九月下旬，哈麗特至少根據她的某些觀點採取了行動，她和第一任丈夫分居了。考慮到當時的限制，沒有合法分居、取得孩子監護權或財務支持的權利，而且幾乎沒有自己謀生的方法，這是一個很重大的行動。彌爾很快就到巴黎與她會合，在那裡，他們終於發現，兩人都因彼此而感到多麼的幸福。但是，正如彌爾在一封信中大略描述到，還是有「所有其他的障礙，或者更確切地說」，要為了「〔他們的〕自然生命的其餘部分」而延續這份幸福。其餘部分指的是約翰．泰勒以及他們的三個小孩。

哈麗特至少知道，她該考量不只是她與彌爾的幸福。她決定根據她的道德原則採取行動，嘗試讓每一個牽涉其中的人得到最大的幸福，她回到倫敦，回到一段無性的婚姻，並與彌爾回到柏拉圖式的關係。

一同思索經濟、政治與哲學的伴侶

她沒有在丈夫的房子中住太久，這個決定使她不得不陷入社會孤立狀態。她還飽受疾病折磨，包括部分癱瘓。然而，在接下來的十五年裡，哈麗特至少寫了一些關於倫理與宗教的短文，也討論了彌爾的著作，最終說服他，儘管生產的法則可能是「固定的」（就像萬有引力法則），但分配的法則是可改變的人類結構，並建議在他的《政治經濟學原理》

（*Principles of Political Economy*，一八四八年）中需要完整的一章來闡述，從而設定了這本書的整個「調性」。這種體認意味著，忽然之間，富人與窮人的存在並非天生或宗教的既定事實，而是人類（不）活動的結果。因此，工人要求改革，不能以事情無法改變為藉口，而搪塞應付過去；而是必須證明，這是最好的社會安排。

在由哈麗特口述的《政治經濟學原理》一章中，考慮到了現狀的改進與替代方案。在這一章中，她和彌爾概述，工人對獨立的需求越來越高，將會導致他們拒絕與資本家建立工資關係，轉而支持利潤分享計畫，最後會拒絕對資本家有任何形式的依賴，並進而建立生產者與消費者合作社。經過一個有機、一步一步改變的漸進過程，所有的私有財產最後會進入由工人經營與管理的合作社手中，我們就會進入一個社會主義的未來，那將會是「最接近社會正義的方法，也是目前看得見，為了普遍的利益，工業事務最有益的秩序」。

《政治經濟學原理》鞏固了彌爾的名聲，他被視為是在他的時代中最頂尖的心靈之一。他試著在致謝詞中公開感謝哈麗特的功勞，但是根據他的自傳（一八七三年）所述，她不喜歡受到大眾關注，所以阻止了這個做法。這本書很快就有了第二版，哈麗特在準備階段就參與得很深入。

一八四九年，約翰·泰勒病重。哈麗特搬回他的宅邸，不辭辛勞地對抗他的疾病與冷漠，但於事無補、無力回天。

哈麗特現在可以自由地嫁給彌爾了，但他們面臨的障礙是：他家人的反對，以及彌爾在〈婚姻宣言〉（Statement on Marriage，一八五一年）中所概述的、他們自己反對婚姻的女性主義思想。儘管如此，他們還是在一八五二年結婚了。在這段期間，哈麗特撰寫並匿名出版了《女性的選舉權》（*Enfranchisement of Women*，一八五一年），這是支持女性選舉權的一個擴大論點，還有一些後來被收錄在《女性的屈從》（*The Subjection of Women*，一八六九年）中的零星文章，這是彌爾針對社會對女性的結構性壓迫非常知名的尖銳批評。在這十年期間的後期，哈麗特和彌爾一起合作他的傳記、一連串有關家庭暴力的文章、以及《論自由》（*On Liberty*，一八五九年）。

一般認為，《論自由》是彌爾對政治哲學最了不起的貢獻，而且也應該同時歸功於哈麗特。它也可能是有史以來捍衛言論自由最清晰、最慷慨激昂的一本著作。它完整地捍衛了個人的自由權利，而其核心主張為：只有在該行為會對別人造成傷害的情況下，一個人才可以被迫不去做某件他認為最好的事。這是一種強烈的反父權立場：《論自由》非常堅決主張，對某個人自身（應該）有益的事，並不能作為強迫他們做違背心意的事的藉口。在此還有一種強烈的完美主義元素：《論自由》充滿熱情地捍衛自我創造、自我成長的「個性」的重要性。

遺憾的是，哈麗特的健康每下愈況，於一八五八年十一月三日在亞維農（Avignon）過世，一年之後，《論自由》才出版。這本書以這段獻詞開始：

獻給對她的摯愛與悲慟的回憶，她是我的啟發者，也是本書的部分作者，她是我寫作中最好的一部分；她是我的朋友、我的妻子，她對真理與正義的崇高感知，是我最強烈的刺激；而她的讚許，則是我主要的獎勵——我將此書獻給她。就像我已經寫了很多年的那些著作，本書屬於我，但也屬於她……如果我能對世界解釋，埋葬在她墳裡的偉大思想與高貴情感的一半，我應該能成為更偉大利益的媒介，沒有她無以倫比的智慧的敦促與協助，我不可能寫出任何東西。

一八七三年，彌爾在一個可以俯瞰她的墳墓的房子中過世，並與她合葬在一起。

在哈麗特生活的時代環境中，同時代的人無法充分認識她對政治、經濟與哲學的貢獻，並過度低估了。現在是我們還她公道的時候了。

Harriet Taylor Mill

主要文本

- Taylor Mill, Harriet, *The Complete Works of Harriet Taylor Mill*, Jo-Ellen Jacobs (ed.), Indiana: Indiana University Press, 1998
- Stuart Mill, John, *On Liberty, Collected Works* XVIII, Toronto: University of Toronto Press, 1977
- Stuart Mill, John, *On Marriage, CW* XXI, Toronto: University of Toronto Press, 1984
- Stuart Mill, John, *Principles of Political Economy, CW* II and III, Toronto: University of Toronto Press, 1965
- Stuart Mill, John, *Autobiography, CW I*, Toronto: University of Toronto Press, 1981

推薦延伸閱讀

- Jacobs, Jo-Ellen, '"The Lot of Gifted Ladies is Hard" A Study of Harriet Taylor Mill Criticism', Hypatia 9/3, 1994 McCabe, Helen H, 'Harriet Taylor Mill', A Companion to Mill, London, Blackwell, 2016 Miller, David, 'Harriet Taylor Mill', Stanford Encyclopaedia of Philosophy

本文作者

海倫・麥凱布 （Helen McCabe）

是諾丁漢大學（University of Nottingham）政治理論助理教授。她的研究主要關注約翰・斯圖亞特・彌爾（John Stuart Mill）的政治哲學，尤其是他與前馬克思社會主義的關聯。二〇一八年，海倫成為「可廢棄新娘」（Disposable Brides）計畫主持人，這是諾丁漢大學卓越（Beacon of Excellence）計畫權利實驗室（Rights Lab）計畫的一部分，目的在解決強迫婚姻問題。

Mary Anne Evans/George Eliot
瑪麗·安妮·艾凡斯／喬治·艾略特

1819–1880

克雷兒．卡利斯勒 著
Clare Carlisle

以文學形式完成哲學任務，小說深寓人性關懷

從自學哲學的少女，到成為喬治．艾略特

喬治．艾略特是無可爭議的英國文學女王，但她在我們的哲學傳統中也理應占有一席之地。她在一八一九年出生於納尼頓（Nuneaton），原名瑪麗．安妮．艾凡斯；並於一八八〇年在倫敦去世，當時名為瑪麗．安妮．克羅斯（Mary Anne Cross）。在她成年後的大部分時間，由於她與作家喬治．亨利．路易斯（George Henry Lewes）長期的伴侶關係，她希望被稱為路易斯夫人（Mrs Lewes）。但當她在一八五〇年代開始寫小說時，她使用了男性的筆名。她覺得，如果大家知道作者是個女性，那她的小說就不會被視為嚴肅的

哲學文學。

如同《弗洛斯河上的磨坊》（*The Mill on the Floss*，一八六〇年）一書中熱情而邋遢的女主角瑪姬・塔利弗（Maggie Tulliver），年幼的瑪麗・安妮有無法饜足的求知欲。她的好奇心與靈性敏感度很快就帶著她超越了她中下階級家庭的保守視野。她在十幾歲時對宗教非常虔誠，之後在一八四〇年代期間，她與考文垂（Coventry）附近的一群自由思想家成為朋友，並得出基督教的基礎「混合了真實與虛構」的結論。在她的一生中，她非常重視「廣泛的」（wide）——這是她最喜歡的形容詞之一——意見、開放的心靈與寬闊的靈魂，而不是狹隘、僵硬而瑣碎的事物。儘管她才華洋溢、學習能力非凡，她仍然無法在牛津、劍橋，或倫敦新成立的大學學院（University College）或國王學院（King's College）就讀。因為直到十九世紀晚期，才有少數女性可以進入英國的大學接受教育。

因此，在成為喬治・艾略特之前，瑪麗・安妮・艾凡斯開始以學徒方式自學哲學。一八四三年在閱讀斯賓諾莎（Baruch Spinoza）[1]時，她寫信給朋友莎拉・亨內爾（Sara Hennell）說：「對於自由的探究，我們的戰鬥與奮鬥永遠都不夠。」她的興趣廣泛，包括新的科學理論與宗教史。她翻譯了兩本最新的德文著作，兩本都是十九世紀基督教轉折點

1 **編按** 一六三二～一六七七年，荷蘭理性主義哲學家，批判宗教統治，追求思想自由，影響日後的啟蒙運動。

時期的著作：一八四六年翻譯了大衛・施特勞斯（David Friedrich Strauss）[2]的《耶穌傳》（*Life of Jesus*），一八五三年翻譯了費爾巴哈（Ludwig Andreas von Feuerbach）[3]的《基督教的本質》（*The Essence of Christianity*）。一八五六年，她還從拉丁文翻譯了斯賓諾莎的《倫理學》（*Ethics*）（另外，她在一八四〇年代中期，至少翻譯了斯賓諾莎部分的《神學政治論》〔*Theological-Political Treatise*〕，但是那份手稿已經遺失了）。

一八五一年，她把名字改為更成熟的瑪麗安（Marian），並搬到倫敦成為《西敏寺評論》（*Westminster Review*）的非正式主編，這是一個女人前所未有的角色，這個角色以不令人注意的方式把她放在了英語圈知識分子生活的中心。她為《西敏寺評論》寫的眾多文章，不僅給她機會評論新文學，也可以評論當代的社會議題。其中包括了維多利亞時代所說的「女人問題」：在逐漸接受兩性平等觀念的父權社會中的女性地位。

小說中深刻著墨人類世界的相互關聯性

然而，喬治・艾略特是透過她的小說，對哲學做出最重大的貢獻。小說的寫作類型給了她很廣大的空間去探討有關自由與責任、道德弱點與賦權，當然還有角色人物的發展等問題。在為她帶來財富與名望的一系列小說中，包括《亞當・柏德》（*Adam Bede*）、《弗洛斯河上的磨坊》、《織工馬南傳》（*Silas Marner*）、《羅馬拉》（*Romola*）、《激進派菲立克斯·霍特》（*Felix Holt, The Radical*）、《米德鎮的春天》（*Middlemarch*）、《丹尼爾·德隆達》（*Daniel Deronda*），她做出了展示：這些都不是抽象問題，而是體現在男人與女人的生活中，他們身處在複雜的社交世界中，受到物質關懷、情感需求與精神渴望的驅使。艾略特的故事闡述了一種哲學觀點：人類本身是不可化約的，卻又非常容易受到影響。儘管她筆下的人物經常受制於根深柢固的習慣，但她把人們描繪成天生就樂於接受改變與新的成長。把這一點表達得最清楚的就是西拉斯·馬南（Silas Marner）的故事，他從一個「憔悴的」可憐生物，「與他的人生目標僅是一種機械性的關係」，成長為一個有愛且被愛的父親與朋友。就像書中的敘述者說的，人就像「一支把手或彎曲的管子，如果分開，就沒有任何意義。」

---

2 **編按** 一八〇八～一八七四年，德國神學家、作家。一八三五年發表《耶穌傳》，否認耶穌的神性，開創了「歷史中的耶穌」的研究進路，對當時普遍信奉基督教的歐洲產生影響。

3 **編按** 一八〇四～一八七二年，德國哲學家，師承黑格爾，一八四一年發表《基督教的本質》，將宗教歸結為對無限的認識，主張上帝是人的內在本性的向外投射。

十九世紀的歐洲哲學家經常回應伊曼努爾・康德（Immanuel Kant）[4]的偉大著作，他在許多方面為現代哲學設定了議題。山繆・泰勒・柯勒律治（Samuel Taylor Coleridge）[5]在新世紀初期廣泛傳播了康德的思想，大大影響了艾略特所追隨的那一代英國作家，而她本身也密切研究德國的思想。謝林（Schelling）[6]與黑格爾（Hegel）[7]等雄心勃勃的形而上學思想家，試圖克服康德思想中的二元論，即決定性的自然法則與絕對的道德自由，艾略特則專注於道德與心理的問題。她同意康德，認為宗教在道德生活中找到它的正當性，這種觀點是由費爾巴哈所發展出來的，而她非常了解與欽佩他的觀點；她和康德也一樣不相信上帝與相關形而上問題的學說。不過，康德認為道德受到理性的規範，但她跟隨浪漫主義者的傾向而強調感覺。她特別感興趣的是兩個人的靈魂之間對同情（sympathy）抱著深刻的道德感（實際上是救贖的），她經常反覆在小說中誇大這種共感的關係（empathic connection）。

艾略特也和康德有所不同，她反對康德的理性自主理想。她認為，人類是深深地相互依存的，會被遇見的人與人際關係互相塑造。在《米德鎮的春天》（一八七二年）的〈終曲〉中，她表明：「沒有一種生物的內在是如此強大，可以不受外在環境的重大影響。」她也許是從斯賓諾莎的《倫理學》中吸收到這個見解，但她確實把這個觀點變成了自己的。她的故事角色說明了，人終其一生總是與人有所互動；因此他們會受到家庭關係、友誼與社會上人際關係的影響。有時候，艾略特被（錯誤地）認為是維多利亞時代典型的道德家，但她其實是最廣義的道德哲學家。她最關心的是人類的繁榮興盛，並敏銳地覺察到其中牽涉到的所有複雜與困難。

在她的最後一本小說《丹尼爾．德隆達》（一八七六年）中，艾略特表達：「人，就像行星，有看得見的歷史，也有看不見的歷史。天文學家用嚴格的推理穿過黑暗，考慮了在徘徊的軌道上的每一道弧線；而人類行為的敘述者如果以同樣的完整性來工作，就必須穿過導致每一刻行動背後所隱藏的感覺與思想途徑。」對於這本書，她寫道：「我的意思是，書中的一切都與書中其他的一切有所關連。」透過小說的文學形式，艾略特完成了一

4 **編按** 一七二四～一八〇四年，著名德國哲學家，啟蒙運動思想集大成者，被認為是繼蘇格拉底、柏拉圖和亞里斯多德後，西方最具影響力的思想家之一。其思想系統完整，影響近代西方哲學甚深。核心著作為「三大批判」：《純粹理性批判》、《實踐理性批判》和《判斷力批判》。

5 **編按** 一七七二～一八三四年，英國詩人、文學評論家、哲學家和神學家，英國浪漫主義運動的創始人物。特別喜歡康德，將德國唯心主義哲學引入英語世界。

6 **編按** 一七七五～一八五四年，十九世紀德國觀念論發展中重要的哲學家。

7 **編按** 一七七〇～一八三一年，十九世紀德國觀念論哲學代表人物，也是哲學史中重要的集大成者，以「絕對精神」為其哲學論述重心，並以辯證法著稱，其思想體系涵蓋邏輯學、自然哲學、精神哲學，代表作有《精神現象學》、《哲學科學百科全書》、《法哲學原理》、《邏輯學》，相關著作之繁體中文版由五南出版。

項深刻的哲學任務：帶我們看見人類世界的相互關聯性。她通常透過人物與事件的類比關係，來說明生態、社會、政治與心理力量之間錯綜複雜的關係。當我們閱讀她的小說時，我們會發現自己在新奇的想像情境中，既陷入虛構世界的網絡之內：我們被書中的事件影響，也對這些世界表露理解與同情；同時又在這網絡之外，把它概括為一個整體。《米德鎮的春天》的敘述者把自己描述為「揭開了某些人類命運，並看見它們是如何被交織與編織的」，當她完成這個「看見」時，我們也跟著看見了。艾略特的小說以這種方式幫助我們，引導我們完成蘇格拉底所認為的哲學的基本工作：認識自己。

寄寓在自由與婚戀主題中不容忽視的哲學思考

就像斯賓諾莎一樣，艾略特認為，儘管外在環境一向超出我們的控制範圍，但自我認識可以帶來一種解放。女性主義哲學家與斯賓諾莎學者莫伊拉．紀登斯（Moira Gatens）[8]，曾經這樣形容喬治．艾略特：「一名決定論者，儘管她相信可以透過人的努力得到自由與知識的擴展。」艾略特經常表現出，她筆下的角色對自己有了更多的了解，並因此變得更滿足。例如木匠亞當．柏德發現，他對痛苦與愛的體驗加深了他的理解，這給他一種「擴大的存在」與「更充實的生命」的感覺。正如亞當所說：「這給你某種自由的感覺。」

艾略特也描寫了很多無法了解自己與別人的人物。例如在《丹尼爾・德隆達》中，驕傲而美麗的關德琳・哈雷斯（Gwendolen Harleth）必須決定，是否嫁給她不愛的有錢人格蘭克特（Grandcourt）。艾略特向我們說明了導致關德琳接受她的追求者，最後進入一個具毀滅性的不幸婚姻的綜合因素：她誤解了格蘭克特的性格，她想尋求解決家庭財務困難的方法，她想確保母親的安全，她渴望得到關注、物質享受與社會地位；她的驕傲使她不願成為一名家庭教師，這是命運提供給她的另一個替代選擇。關德琳不只誤解了格蘭克特，也誤解了人類自由的本質。在小說的開始，她認為，自由就意味著可以隨心所欲。她同意嫁給格蘭克特的一個原因是，她（錯誤地）判斷與期待，他在成為她的丈夫之後將會「完全按照她的意願行事」，因此她最後變得受制於**他的**蠻橫任性。儘管艾略特沒有給她一個傳統的快樂結局，但是透過她的錯誤與友誼，關德琳最後開始意識到源於自我了解的精神自由。

艾略特作品中的哲學深度，使她從同時代的其他小說家中脫穎而出。這一點體現在她對婚姻的處理方式上，當然，婚姻是很多十九世紀的小說中的重要比喻。在艾略特手中，

8 編按 一九五四年～，澳洲女性主義哲學家，雪梨大學榮譽哲學教授。

婚姻不僅僅是一個情節的設計，以便為讀者提供一個感覺良好的「快樂結局」。她把婚姻當作一個認真省思人類處境的場所。在她的小說中，就像生活本身一樣，婚姻是自然與文化、身體與精神的渴望、公共與私人生活、浪漫與日常、選擇與妥協、熱情與克制、賦權與相互依存的交會點。對艾略特筆下的女主角來說，面臨的挑戰並不只是找到且留住合適的男人（就像珍·奧斯汀〔Jane Austen〕的小說那樣），還要找到正確的結婚方式。

雖然艾略特對社會問題的處理方式有時候顯得非常保守，但是她非常敏銳地知道，跟家人、鄰居的和諧相處與毫無骨氣地遵守令人窒息的社會規範之間的差異。她汲取了個人複雜而非傳統的戀愛經驗，深刻省思這問題：如何得到家庭幸福而且是在不受其所束縛的情況下。她最成功的角色是設法走中間路線的女性，這不是一種妥協，而是在遵循常規與不墨守成規之間一條更深刻的道路。在《亞當·柏德》（一八五九年）中，年輕的衛理公會巡迴傳教士黛娜·莫里斯（Dinah Morris）發覺，她脫離常軌的生活使她遠離了家人，並離開了提供她一個家園的村莊。她與亞當的關係教會她，浪漫的愛情不需要成為一種誘惑，讓她放棄自己真正的職業。結婚與安定下來，讓黛娜得以用強化整個社群的方式導入她「愛人的力量」。

艾略特也安排她的角色在自我與否定自我之間，找到中間道路的挑戰。她筆下的女主角們：黛娜·莫里斯、瑪姬·塔利弗、羅摩拉·狄巴迪（Romola de' Bardi）、朵拉西亞·

布魯克（Dorothea Brooke），全都極力克制自己的私欲，但也無法在壓抑自己時得到充分發揮。《弗洛斯河上的磨坊》中的悲劇在於，瑪姬找不到解決這個難題的辦法：用盡了兩種可能性之後，除了沉入弗洛斯河的深處，她無處可去。但是，對於黛娜與朵拉西亞來說，婚姻是自私與自我否定之間的一條中間道路，就像在遵守與拒絕社會規範之間的中間道路。相較之下，羅摩拉則必須決定，是否要離開不忠與敗德的丈夫。艾略特沒有提出簡單的解決方法，相反的，她呈現出的是，羅摩拉意識到自己正面臨「服從的神聖性結束的地方，以及造反的神聖性開始的地方」這個深刻的道德問題。

表彰喬治·艾略特是一道強大的哲學聲音，特別是比很多哲學文本更重視女性的經驗，不僅提高了她的聲望，也強化了哲學的內涵。它鼓勵我們承認，理解身而為人的意義，以及如何過著美好的人生，情商是不可或缺的。這也提醒我們，最聰明的哲學家會幫助我們看見，為什麼人生會如此困難與複雜，以及是誰將道德問題放在它們所屬的地方：在人的情感與關係的糾葛之中。

Mary Anne Evans/George Eliot

主要文本

- Eliot, George, *Middlemarch*, 1871; Penguin, 1994（繁體中文版《米德鎮的春天》，商周出版）
- — *Silas Marner*, 1861; Penguin, 2003

推薦延伸閱讀

- Ashton, Rosemary, *George Eliot: A Life*, Penguin, 1998
- Carlisle, Clare, 'Introduction' to *Spinoza's Ethics, Translated by George Eliot*, Princeton: Princeton University Press, 2019
- Uglow, Jenny, *George Eliot*, Virago, 1987

本文作者

克雷兒・卡利斯勒｜Clare Carlisle

是倫敦國王學院（King's College London）的神學與哲學副教授。她就讀於劍橋大學三一學院，在一九九八年取得哲學學士學位，於二〇〇二年取得博士學位。從那之後，她出版了四本有關齊克果（Kierkegaard）的書，一本有關慣習（habit）的書，並且出版了菲立克斯・哈維頌（Félix Ravaisson）的《論慣習》（*De l'habitude*）第一本英文譯本；以及喬治・艾略特翻譯斯賓諾莎的《倫理學》。

Edith Stein
伊迪絲·史坦

1891–1942

潔・赫特利 著
Jae Hetterley

對現象學論述深具貢獻，學術生涯卻因性別而受挫

從二十世紀重要哲學運動——現象學談起

對非哲學家來說，伊迪絲・史坦哲學生涯以外的生活可能比較為人所知。她出生在猶太家庭，青少年時期成為無神論者，成年後皈依羅馬天主教。結束學術生涯後，她成了一名修女，在第二次世界大戰開始前不久，為了她的安全起見，她被送往荷蘭的一座修道院。然而，一九四二年，荷蘭主教發表聲明譴責納粹種族主義之後，接著就發生了對皈依天主教的猶太人的鎮壓，她很可能在一九四二年八月九日死於奧斯威辛（Auschwitz）集中營。今天，她是歐洲六位共同主保聖人（co-patron saint）之一。

然而，在哲學領域，比起她應有的地位，史坦更像是一個邊緣人物。在她短暫的哲學生涯中，參與了二十世紀最激勵人心的一個哲學運動，也就是現象學，這個運動還囊括或啟發了其他知名的哲學家，例如馬丁・海德格（Martin Heidegger）[1]、漢娜・鄂蘭（Hannah Arendt）、尚—保羅・沙特（Jean-Paul Sartre）和西蒙・德・波娃（Simone de Beauvoir）。

史坦是德國第二位獲得哲學博士學位的女性，她的指導教授是現代現象學創始者埃德蒙・胡塞爾（Edmund Hursserl），而她擔任過他的助理。因此，可以說史坦的思想深受胡塞爾的影響，但她不僅僅是一名門生而已。

要理解史坦的作品，我們首先需要了解現象學。最簡單地說，現象學的目的是，以人類經驗的第一人稱描述為中心來作為哲學上的啟發。胡塞爾最著名的一個陳述是對激進懷疑論（radical scepticism）的回應；也就是，因為所有的信念都可能受到質疑，我們要如何找到目前為止的知識基礎這個古老的問題。對笛卡兒來說，克服懷疑論的方法是找到一種不容置疑的信念，它可以構成我們其餘知識的基礎，即**我思故我在**。然而，胡塞爾採取了不同的策略，他認為，即使我可以懷疑我所有經驗的真實性，但我不能懷疑的是「我有所經驗」**這件事**。因此，如果哲學探究了**它被經驗到的**經驗本質，就可以規避懷疑論的質疑。

1 **編按** 一八八九～一九七六年，德國哲學家，二十世紀最重要的哲學家之一，代表作有《存在與時間》、《形上學導論》等。對現象學、存在主義、詮釋學、後現代主義等皆影響深遠。

胡塞爾的目的是透過將懷疑論排除在外，來克服懷疑論。因此，消除懷疑論就是將哲學探究重新導向經驗的結構（「意向性」），並遠離知識的問題。

現象學的一個特點是，我們對特定哲學問題展現的自然態度，事實上與我們對意向性本質的反思結果並不一致，而史坦的早期作品遵循了這一個軌跡。她取得博士學位的一個研究重點是研究別人心靈的問題；由於我們無法了解彼此的心理狀態，我們如何確定其他人與我們有類似的心理狀態，或其他人確實具有心理狀態？對這個問題的傳統回應是，我們**推斷**其他心靈的存在。也就是說，在社交互動中，我們看到別人和我們有類似的反應：如果生氣，我們都會大叫；如果發現有趣的事情，都會大笑；如果覺得無聊，就會停止關注。由於這些相似之處，我可以經由類比，推斷別人和我有一樣的心靈。但史坦認為情況並非如此，而是主張，我們是通過**同理**（empathy）的經驗而知道別人的心靈。在這方面，史坦採取了典型的現象學方式：當我們省思我們的經驗時，我們就會發現，整個社會互動的分類與傳統反應所暗示的不同。要進行推論，就意味著，從看到一個實際的身體，到斷定它具有心理的狀態，我們需要經歷一些知識上的跳躍。但是我們並**沒有**體驗過某人心理的狀態與他們實際的身體截然不同的經驗：它們都是一個實體。我們體驗的不是身體和狀態，而是**人**。對於史坦來說，同理的經驗是指別人已經是**一個人**，我們認知到的不是一個實際的身體，而我們需要推斷它和我們一樣擁有快樂的心理狀態，相反的，我們認知到的是一個快樂的人。

不僅是胡塞爾的門生，更是架構出論述初稿的幕後功臣

史坦的思想因此深受胡塞爾的影響，但她不僅僅是他的一名弟子。例如，胡塞爾最終將現象學視為一種先驗唯心論（transcendental idealism，我們經驗的對象在某種程度上依賴於心靈的作用）的形式，而史坦的作品則顯示，她是一個堅定的現實主義者。此外，她歸信天主教以後，開始以胡塞爾的作品從未嘗試過的方式研究宗教和神學思想，她的著作《有限與永恆的存在》（*Finite and Eternal Being*，一九五〇年；在她身為修女時所寫）即明確嘗試將現象學與學術上的形而上學和神學結合在一起。

史坦的關鍵發展在於，她主張不僅其他心靈的知識是已知的，而且是透過同理的經驗，透過直接認知別人是一個人而知道的。這些直接取用（direct access）、經由第一人稱的省思來爭論哲學分類法的概念，絕對是現象學的方法。

胡塞爾將現象學視為一個協作的研究，類似一門科學；由在相同的基本架構下、不同現象學領域中的一群哲學家一起工作。事實上，史坦在完成博士學位，成為胡塞爾的助理後，她就成了現象學研究的核心，然而令哲學界中的女性感到不安的現實在此浮上了檯面。因為她成為胡塞爾的助理後，主要任務是將胡塞爾關於時間現象學的筆記整理成可以發表的手稿。這些文本集結自一些截然不同的內容，包括一九〇五年的一系列講座，加上一些

早期和晚期的筆記，甚至是一些更當代的文章（胡塞爾可能提供這些文章來幫助史坦）。

史坦的工作遠超出一般人對編輯的期望：胡塞爾沒有寫過讓史坦可以從中提出建議的初稿，或做些表面重修就可以整理好的原稿。相反的，是她開始研究這些截然不同的資料，整理、改變它們的順序，以架構出一個一致的哲學論述，最後才由**她**產生了初稿。很多胡塞爾學生（包括史坦）的信件顯示，胡塞爾的工作態度經常變化無常，他常常在短暫（但密集的）的時期內沉迷於特定的哲學問題，經常到了讓學生受傷害的程度，而且只有在史坦完成初稿後，他才開始熱衷於這個研究。但後來史坦的合約到期，她必須對自己的未來做出決定：她想完成特許任教資格（habilitation），這是德國擁有永久大學教職和指導博士論文的必要資格，但是胡塞爾拒絕了她的申請。最後，她離開了世俗的學院，在天主教機構任教。當一九三三年納粹上台後，她也被迫辭去了那裡的職務。

十年來，她當時所完成的原稿沒有被更動過。史坦在現象學學派中開闢了自己的道路，而她所做的這一切，由於胡塞爾否決了她的任教資格，實際上縮短了她的學術生涯。確切的原因很難確定，但由於她多年來與胡塞爾密切合作，似乎極不可能是因為她工作品質的因素。尤其是在一九二八年，胡塞爾發表了由她整理過的原稿《論內部時間意識的現象學》（*On the Phenomenology of the Consciousness of Internal Time*）。這部作品被歸功於胡塞爾，以及據說是編輯的馬丁・海德格。現在，這本書確實是成為《哲學與現象學研究年鑑》

(*Yearbook of Philosophical and Phenomenological Research*)的一部分而出版，胡塞爾和海德格是年鑑的共同編輯，因此在準備出版原稿時。海德格肯定參與過，但是在哲學方面更重要的大量收集資料等困難工作，是史坦完成的。如果她沒有負責整理胡塞爾的筆記，就不會有手稿的出現。然而，她在這本書正文內獲得的唯一認可是海德格的一則附註，提到她抄寫了胡塞爾速寫的講座手稿。

隨著時間的推移，很難確定究竟有多少工作是史坦做的，有多少是胡塞爾做的，但毫無疑問的，她應該得到更多的認可。我們應該注意的是，直到一九九一年英文譯本出現，在譯者約翰·巴尼特·布洛（John Barnett Brough）的介紹中，這一切才被發現。最終，史坦的學術生涯受到阻礙，不只是因為胡塞爾的性別歧視，以及後來納粹的種族主義立法，還包括胡塞爾和海德格甚至不肯認可她所做的工作。

革新學術象牙塔之必要

從許多方面來看，史坦在學術界的短暫經歷說明，女性在哲學界的成就不僅被低估，有時甚至被完全忽視。儘管哲學家們喜歡認為，我們是在客觀地探究必要和普遍的真理，這些真理不受日常生活的偶發事件和偏見影響，但事實上，哲學從來都不是在抽象的環境中完成的，哲學家也無法擺脫特定時代的偶發事件。或許我們喜歡認為，哲學家公正省思的常見形象是無害的，然而這種形象也一定銘記著那個時代主要政治力量的複雜因素。這是一種白人、男性和異性戀的形象。這不是某些象牙塔的權術：在史坦的例子裡——以及事實上，對於哲學界的許多其他女性和少數群體而言——這個形象產生了實質的影響。一方面，在史坦的具體情況中，胡塞爾和海德格必須為自己的作為承擔責任（即使他們在有生之年完全不負責任）；但另一方面，我們也必須考慮制度上的障礙，這樣的障礙如今仍然存在，使得這樣的行為持續發生而不受控制，即使有人想要承認今日的情況有所改善，我們仍然要問，為什麼在哲學系中擁有學術職位的少數族群如此之少。

歷史無法改寫，史坦的遭遇也無法改變，但我們能做的是創造一個更包容和多元的學術環境，讓被邊緣化的族群聲音不會繼續被邊緣化，在我們的研究工作中挑戰哲學家自滿的自我形象，並將本書收錄的女性的見解納入我們的課程。就哲學應該與它所描寫的世界互動而言，還有很多工作要做。

Edith Stein

主要文本

- Stein, Edith, *On the Problem of Empathy*, Waltraut Stein (trans.), Washington, D.C.: ICS Publications, 1989
- — *Finite and Eternal Being*, Kurt F. Reinhardt (trans.), Washington, D.C.: ICS Publications, 2006

推薦延伸閱讀

- Husserl, Edmund, *On the Phenomenology of the Consciousness of Internal Time*, John Barnett Brough (trans.); Dordrecht, Boston and London: Kluwer, 1991（特別是更深入的文本發展歷史和史坦的貢獻，請參閱 Brough 的介紹）
- McDaniel, Kris, 'Edith Stein: On the Problem of Empathy', in *Ten Neglected Classics of Philosophy*, Eric Schliesser (ed.), Oxford: Oxford University Press, 2016
- Ricci, Gabriel R., 'Husserl's Assistants: Phenomenology Reconstituted', *History of European Ideas*, Vol. 36, 2010, 419–426

本文作者

潔・赫特利｜ Jae Hetterley

是華威大學（University of Warwick）的哲學系研究生。主要研究重點是形而上學與現象學的歷史，特別是康德與馬丁・海德格的著作。她也有興趣於分析現象學如何能成為了解少數族群生活經驗的方法。

Hannah Arendt

漢娜·鄂蘭

1906–1975

蕾貝卡・巴斯頓 著
Rebecca Buxton

洞見「平庸的邪惡」，二十世紀最偉大的政治思想家之一

「我不是學哲學，就是淹死我自己」

《極權主義的起源》（*The Origins of Totalitarianism*，一九五一年）是漢娜・鄂蘭最著名的政治著作，但在二〇一六年十一月的美國書店裡卻很難找到。唐納・川普（Donald Trump）當選總統後，這部關於反猶太主義、帝國主義和極權主義的主要論述，在美國各地銷售一空。鄂蘭在談到納粹德國極權統治的本質時，描述了一群通常被政客遺忘的人。她寫道：「他們可能存在於每一個國家，並且組成了大量中立、政治冷漠的人群的大多數，他們從不加入政黨，也幾乎從不投票。」她的描述也很適用於今天的情況。

鄂蘭出生於現代漢諾威（Hanover）的一個德國猶太世俗家庭，身為獨生女的她，對於學習有著濃厚的興趣。她母親的日記詳細記述這一個「陽光的孩子」，她會閱讀任何能接觸到的東西。鄂蘭童年時，她父親染上梅毒，在他臨終之前，她會坐在父親身邊和他一起打牌，直到晚上。父親去世後，鄂蘭成為母親的陪伴者，雖然她們在一起很快樂，但鄂蘭後來感嘆於她沒有父親的童年。然而，正是這種孤獨的青春和對書籍的熱愛，讓她對哲學產生了濃厚的興趣。

在電視節目《關於此人》（*Zur Person*，一九六四年）中，鄂蘭在與根特．高斯（Günter Gaus）進行的一場著名的訪談中說：「我一直都知道我會研究哲學……我讀康德。你可能會問我為什麼要讀康德。對我來說，問題是，我不是學哲學，就是淹死我自己。」她確實繼續在柏林大學（University of Berlin）攻讀哲學，輔修神學和希臘語。後來她轉到馬爾堡（Marburg）菲利普斯大學（Philipps University），在馬丁．海德格[1]的指導下進行研究。鄂蘭被提到時，經常只是因為她與海德格有過戀情。海德格是一位知名的哲學家，後來加入納粹黨。一九二九年，鄂蘭與海德格的學生君特．斯特恩（Günther Stern，後來的名字是君特．安德斯〔Günther Anders〕更為人所知）[2]結婚。

早在大多數政治分析家意識到的幾年前，鄂蘭就預言納粹將會掌權。一九三三年，她積極參與反納粹的組織活動，並很快就因為收集反猶太的仇恨言論的證據，而被蓋世太保拘留。她被監禁了八天，但與被她形容為「迷人」的獄警成為朋友而逃脫。後來，鄂蘭被某個猶太復國主義（Zionist，或譯「錫安主義」）組織偷渡到法國。鄂蘭在當地的朋友圈看起來就像是歐洲知識菁英名人錄。她經常與華特・班雅明（Walter Benjamin）[3]在一起，並在這裡遇見她的第二任丈夫，詩人和哲學家海因里希・布呂歇（Heinrich Blücher）[4]。

鄂蘭早年對政治和歷史並不感興趣。後來被問到何時開始投入政治和政治理論時，她回答了一個確切的日期：一九三三年二月二十七日，即德國國會大廈（Reichstag）被焚燒以及猶太人被非法逮捕的那一天。鄂蘭說，從那一刻開始，她覺得要承擔責任。鄂蘭在巴黎待了幾年之後，一九三七年被剝奪了德國公民身分，成為無國籍人士。一九四〇年，法國當局圍捕了非法的猶太裔德國難民，稱他們為「敵國僑民」，並被送到拘留營。

---

1 **編按** 見本書〈伊迪絲・史坦〉註1。

2 **編按** 一九〇二～一九九二年，猶太裔德國哲學家、記者、評論家及詩人。師承恩斯特・卡西勒、胡塞爾、海德格等。

3 **編按** 一八九二～一九四〇年，猶太裔德國哲學家、文化評論家、文學家，對美學理論、文學批評尤有卓越貢獻。其著作繁體中文版有《單行道》、《柏林童年》、《機械複製時代的藝術作品》等。他將部分手稿託付給至交鄂蘭，鄂蘭赴美後交給遷往紐約的法蘭克福大學社會研究所。

4 **編按** 一八九九～一九七〇年，在法國期間與班雅明友好，從而結識鄂蘭。

鄂蘭被帶到古爾斯（Gurs），後來在德國入侵的混亂中逃脫。她很快逃到葡萄牙，然後在一九四一年與布呂歇持非法簽證前往美國，多年以後，她才成為美國公民。她的母親瑪莎（Martha）一開始被美國拒絕提供簽證，幾個月後才跟上女兒的行蹤。鄂蘭從來沒有到過英語系國家，但她很快地精通了這個語言，並再度開始寫作。

鄂蘭後來成為二十世紀最具影響力和爭議性的政治理論家之一。有趣的是，她拒絕被貼上「哲學家」的標籤，並且可能完全反對被收錄在這本書當中。她反而認為自己是一名政治理論家，她主張，哲學與政治之間一直存在一種緊張的關係。她認為，就政治來說，即使是訓練有素的哲學家，也不可能保持中立。她也絕不自稱是女性主義者。相反的，她指出，「當女人發號施令時，看起來不算好事」。然而，在她的行動中，鄂蘭經常確保自己沒有困在她所認為的女性立場上。她說：「我總是做我想做的事，我從不在乎這是不是男人的工作。」

對極權政府、公民溝通、難民權利的政治思想

在德國和法國生活過之後，鄂蘭持續提倡，思想家要關注生活的經驗，而不是抽象的政治概念。她在一九六〇年的論文〈行動與幸福的追求〉（Action and the Pursuit of

Happiness）中寫道：「我一直相信，無論我們的理論聽起來有多麼抽象，或是論點看起來多麼一致，至少對我們自己來說，它們背後都有一些事件和故事，簡而言之，包含我們所要說的全部意義……如果不想迷失在思想翱翔的高度或必須下降的深度中，生活經驗的事件就必須成為指引方向的路標。」事實上，鄂蘭認為，她的猶太人身分一直影響著她的思想。她很清楚大屠殺對自己著作的影響。她在同一場電視訪問中說：「決定性的一天是在我們聽說奧斯威辛集中營的時候。在那之前，我們說：『好吧，人都有敵人。這是自然的。人為什麼不能有敵人？』但這次不一樣，就好像裂開了一道深淵。在政治上，幾乎每一件事在某個時間點上都可以得到修正，但這次不可以。」

鄂蘭的著作很難被整合成一個單一的、一致的理論。她的主要焦點是政治和政治存在（political existence）的本質。她在《極權主義的起源》中對極權政府如何取得權力的概要討論，直到今日仍然引起共鳴。從最基本的意義上來說，她認為，當人們彼此失去連結時，就會產生極權主義。然後就會出現一場政治運動，並提出一個宣稱可以解釋人們為什麼不快樂的故事。這個故事變得如此強大，以致創造了一種壓倒性的敘述，讓人們無法不同意。她將這稱為「來自內部的規則」（the rule from within）。極權主義控制了人們的思想，進而控制了整個社會。

鄂蘭關於極權主義的第二個論點受到亞里斯多德的影響。她認為人有兩個部分：他們的生物存在（biological being）或身體，以及他們的政治存在（political being）。當極權主義政權將人簡化為身體，並剝奪他們所有的社會和政治身分時，他們就成功了。理查．伯恩斯坦（Richard Bernstein）在《為何現在要閱讀漢娜．鄂蘭》（*Why Read Hannah Arendt Now*，二〇一八年）中，總結了鄂蘭的極權主義理論，認為其終極目標是要「讓人類變得多餘」。極權主義民族國家以摧毀人性中的自發性和個體性來做到這一點。鄂蘭認為，毀滅人類的行為，如政治行動者允許整個族群被殺害而沒有引起大眾騷動，正是第二次世界大戰期間在歐洲發生的事情。

雖然鄂蘭對極權主義的崛起沒有提供任何解方，但她對政治溝通的本質非常感興趣。她特別思考的是，公民應該參與政治生活的方式，就像早期許多希臘城邦的人。鄂蘭極為崇拜蘇格拉底，她認為蘇格拉底是最後一位偉大的哲學家公民。因此，她提倡公開辯論和討論想法。在一個發展健全的政治社群中，人們會傾聽彼此的政治觀點，並且對犯錯的人有寬恕的文化。必須要有思想的對話和市場；這是我們今天絕對應該學習的論點。

近年來出現所謂的「難民危機」，讓鄂蘭的作品受到了更大的關注。由於當過多年的無國籍人士，她認為，流離失所的人的處境告訴我們許多關於民族國家的作用，以及人類如何達成有意義的政治行動。鄂蘭逃到美國不久後，在一份小型的猶太期刊上發表了一篇大膽的論文〈我們難民〉（We Refugees，一九四三年）。她以一貫的自信口吻開始說道：

「首先，我們不喜歡被稱為『難民』。」她接著說，在二戰期間，對歐洲流離失所的人來說，是沒有理由保持樂觀態度的——更精確地說，歐洲人已經允許「最弱勢的成員被驅逐、被迫害」。在《極權主義的起源》中，鄂蘭討論了她稱為「大規模無家可歸」的問題，認為難民和無國籍人士——實際上是所有的人——都有「擁有權利的權利」。然而，她非常懷疑抽象的人權，相信只有**屬於某個地方**，這些權利才能得到保障。每個人都需要有進入相關政治機構的管道，才能保障其權利。在撰寫有關歐洲和北美流離失所者所遭受的虐待時，她總結道：「史無前例的不是失去家園，而是無法找到新家。」難民和無國籍人士被排除在令他們能夠行使權利的政治機構之外，因此，根據鄂蘭的說法，他們被整體的人類排除在外。這與今日的相似性很顯而易見，許多流離失所者被排除在法律保護範圍之外，仍然沒有「擁有權利的權利」。在她一生中的大多數時候，鄂蘭同樣是一個不屬於任何地方的公民。她反而是屬於一種當代歷史中的新人類，就像她在〈我們難民〉中所說的，是「被敵人關進集中營，又被朋友關進拘留營的人」。

「平庸的邪惡」及「黑暗大陸」說所引發的輿論

當鄂蘭於一九七五年因心臟病去世時，大家對她最知道的事，可能是一九六三年刊登於《紐約客》（*The New Yorker*）有關審判奧托·阿道夫·艾希曼（Otto Adolf Eichmann）的文章。艾希曼是納粹的陸軍中校，是大屠殺的主要後勤組織者之一，在第二次世界大戰期間，安排了數百萬猶太人被送往集中營。艾希曼一九六一年在耶路撒冷接受一場廣為人知的戰犯審判，他被判有罪，並在一九六二年被處決。

鄂蘭以她一貫直言不諱且帶有諷刺的語氣寫下對審判的看法，發表後面臨強大的爭議。她在此提出「平庸的邪惡」（the banality of evil）[5]的概念，認為艾希曼並非反社會者，或是受到極端意識形態所驅使，而是一個極為普通的人，以陳腔濫調作為主要的辯護理由。這裡所指的平庸並不是說，艾希曼的行為是平常的，或應該被認為是正常的，而是指他的行為是完全缺乏思想或意識形態。她堅稱，他看起來就像個公務員，對於自己的行為沒有進行內在的道德對話；他就是一個欠缺思考的官僚。當時，許多人認為她太聚焦於平庸，淡化了數百萬猶太人在大屠殺期間被殺害一事。然而，鄂蘭堅持認為，她清楚區分了行為和行為者，她在所有的書寫中都堅持，大屠殺的事實是不可原諒的。她並不是說艾希曼的行為是平庸的，更精確地說，她認為他的邪惡是種思想匱乏。這些問題演變成針對鄂蘭個人，大眾寄來辱罵她的信件，並試圖禁止她的論文集《平凡的邪惡：艾希曼耶路撒冷大審

5 **編按**　或稱「邪惡的平庸性」。

紀實》（*Eichmann in Jerusalem: A Report on the Banality of Evil*，一九六三年）的出版。這個晚期的爭議點在鄂蘭晚年影響了大眾對她的看法，直到她在六十九歲時突然離世。

關於鄂蘭的最後一個評論，應該是她的種族主義思想。她在著作中一再稱非洲為「黑暗大陸」，並將其居民描述為「野蠻人」和「未開化的人」。鄂蘭在頗具爭議的文章〈小岩城事件的反思〉（Reflections on Little Rock，一九五九年）中，把美國南方爭取廢除學校種族隔離制度的黑人父母描述為「社會暴發戶」，想要藉由強行讓孩子進入全白人的學校，獲得躋身上層階級的機會。凱瑟琳・T・吉內斯（Kathryn T. Gines，現為凱瑟琳・索菲亞・貝爾〔Kathryn Sophia Belle〕）在《漢娜・鄂蘭與黑人問題》（*Hannah Arendt and the Negro Question*，二〇一四年）一書中，指責鄂蘭對於猶太人受迫害和美國非裔美國人的邊緣化，態度並不一致。大多數研究鄂蘭的作家都不評論她的種族主義思想，做出評論的人則通常認為，我們應該關注她的思想，而不是她的性格。這樣的反應似乎不太合適，尤其是考慮到她自己對生活經驗的重視。這是一個更廣泛的哲學和政治理論問題，肯定需要比我在此所能提供的更為仔細的處理。現在，讓我們記住：任何思想家都不應該當成偶像崇拜，而不受批評。相反的，就像我們評估鄂蘭的政治理論一樣，我們需要承認並評估這些缺點。

儘管有這些爭議，大家對鄂蘭最記得的是她是一位異議知識分子，拒絕盲目接受主流觀點。她的嘲諷和反諷的寫作風格，以及對主流政治理論和哲學的尖銳批評，常常招人厭惡。她身為無國籍人士的經歷無疑塑造了她的寫作風格，並且也應該繼續塑造我們今天討論和解決無國籍問題的方式。雖然她可能不認為自己是哲學家，但她作為二十世紀最偉大的政治思想家之一，理所當然地在本書占有一席之地。我希望她不會介意我們把她納入本書。

Hannah Arendt

主要文本

- Arendt, Hannah, *The Origins of Totalitarianism*, New York: Harcourt Brace Jovanovich, 1951（繁體中文版《極權主義的起源》，商周出版）
- — *The Human Condition*, Chicago: University of Chicago Press, 1958（繁體中文版《人的條件（全新修訂版）》，商周出版）
- — *Eichmann in Jerusalem: A Report on the Banality of Evil*, New York: Viking Press, 1963 (revised and enlarged edition, 1965)（繁體中文版《平凡的邪惡：艾希曼耶路撒冷大審紀實》，玉山社出版）
- — *On Revolution*, New York: Viking Press, 1965
- — *Men in Dark Times*, New York: Harcourt Brace Jovanovich, 1968（繁體中文版《黑暗時代群像（第二版）》，立緒出版）
- — *On Violence*, New York: Harcourt Brace Jovanovich, 1970

推薦延伸閱讀

- Benhabib, Seyla, *The Reluctant Modernism of Hannah Arendt*, Thousand Oaks: Sage, 1996
- Bernstein, Richard J., *Why Read Hannah Arendt Now*, London: Polity Press, 2018
- Habermas, Jürgen, 'Hannah Arendt: On the Concept of Power', in *Philosophical-Political Profiles*, London: Heinemann, 1983
- Heller, Anne C., *Hannah Arendt: A Life in Dark Times*, Amazon Publishing, 2015

本文作者

蕾貝卡・巴斯頓｜Rebecca Buxton

是牛津大學的哲學博士生，研究政治哲學與被迫遷徙等主題。她的研究特別著重在難民與移民的政治權利。她在倫敦國王學院取得哲學學士學位，並在牛津大學取得難民與強迫遷徙研究的碩士學位。

Simone de Beauvoir
西蒙·德·波娃

1908–1986

凱特·寇克派翠 著
Kate Kirkpatrick

鉅著《第二性》暢銷百萬冊，最負盛名的存在主義與女性主義學者

二十世紀深具傳奇性的知識分子

西方哲學家長期以來一直使用監獄比喻來描述人的處境。諾斯底派（Gnostics）[1]把身體描述成監獄，並對人提供救贖的知識，讓他們能夠抵抗肉體的誘惑。在他們之前，柏拉圖認為人類是無知的囚徒，就像將影子誤認為現實一樣的穴居人。對盧梭來說，社會本身囚禁了人們，他寫道：「人生而自由，卻受到無所不在的鎖鏈束縛著。」西蒙·德·波娃也拿監獄做比喻，

1 **編按** 其古希臘文的字源即意為「知識」（gnosis），泛指某種見於不同宗教中的相通信念，其特徵為肯定某種「知識／靈知」的重要性，廣泛見於二、三世紀盛行於古羅馬的宗教與哲學運動；而在基督教語境中則尤以此稱呼那些認為知識是勝於信心、行為之得救條件的異端。

但她想描述的不是**人**的處境，而是「女性的處境」。

她把監獄比喻為後宮，女人被放在一個屈從於男人的位置，目的是為了擴大男人的偉大並滿足他們的樂趣，而不是自由地追求自己的計畫或樂趣。在整個一九三〇年代，她用這個比喻來挑戰二十世紀最著名的哲學家之一尚—保羅．沙特關於「人類」自由的概念——他們隨後因成為二次世界大戰後一對傳奇的知識分子伴侶而聲名大噪。然後，她以出版品向他挑戰，並繼續撰寫哲學史上最暢銷的書籍之一《第二性》（*The Second Sex*，一九四九年），據說本書在一九八〇年代銷量突破百萬本大關。

從哲學和傳記的角度來看，寫到波娃的時候，很難不談到沙特。（我幾乎可以聽見，我的女性主義讀者在讀到這句話時肩膀緊繃起來的聲音，但請耐心等待一下。）在二十世紀，甚至是二十一世紀的大部分時間裡，沙特的哲學家名聲壓過了波娃，而且她被錯誤地描述為在自己的作品中「應用」了沙特的哲學。事實的真相是，她公開反對他（以及許多其他人），並創造了自己的存在主義版本，最後改變了沙特的觀點。那麼，為什麼她認為「女性的處境」是一種囚禁和屈服的狀態呢？

波娃在學生時代就創造了全國紀錄：一九二九年，二十一歲的她成為通過哲學綜合考試的最年輕合格者，而在她之前，只有七位女性通過這個考試。對後代來說，幸運的是，波娃的學生時代日記（在她遇到沙特之前）被保存下來，並在二〇〇八年以法語出版。這些日記顯示，即使是在青少年時期，波娃就已經全神貫注於「存在主義」的哲學問題。她對自由的本質以及如何成為一個道德的自我深感興趣，於是飢渴地大量閱讀，以尋找一種在知識上和實踐上都能充分發揮生命價值的哲學。她在一個宗教家庭中長大，父親沒有宗教信仰，母親是天主教徒，並且接觸過基督教和人文主義倫理學。無論是倫理的，還是浪漫的，這兩種傳統都推崇「愛」是一種理想。但是西蒙在很小的時候就注意到，關於愛情，對男人和女人有不一樣的期待。

在家裡，她父親曾說過一句名言，西蒙有「男人的大腦」，她「像男人一樣思考」。他還認為，從原創性或天賦的意義上來說，女人無法真正具有創造力。年輕的波娃注意到，他父親的觀點與很多哲學家相同：叔本華（Schopenhauer）[2]在一八五一年的論文〈論女性〉（On Women）中，稱女性為「第二性，在各方面都不如第一性」，聲稱雖然女性有可能擁有才能（talent），但永遠不可能有「天賦」（genius）。無論是在她父親的口中還是哲學家的筆下，波娃成長過程的文化是，女孩們被期望不要過於耀眼，因為太過耀眼的天賦可能會嚇跑追求者。

她後來發展出存在主義倫理學，在《第二性》中採取獨創的哲學方法，她的小說還贏

2 **編按**　一七八八～一八六〇年，德國哲學家，其唯意志論影響尼采甚深，並啟發精神分析學。其著作繁體中文版有《作為意志和表象的世界》，新雨出版。

得了享有盛譽的文學獎，並致力於法國法律的持續改革。但她的成功也付出了代價：她成了遭人刁難和鄙視的對象，經常被貶為「沙特的聖母」（Notre Dame de Sartre），她的名聲都歸功於她身邊男人的天賦。

早期發展存在主義倫理學

波娃的第一部**哲學**著作是哪一部，這本身就是一個哲學問題。她發表的第一本作品是小說《女客》（*She Came to Stay*，一九四三年）。現象學家莫里斯・梅洛—龐蒂（Maurice Merleau-Ponty）[3]讚賞道，這是一種以小說形式進行哲學研究的新方式，以展開角色意識中的具體性來呈現人生。但是小說可以有很多種解讀方式，那些希望「哲學」是由清楚定義的觀點和充分論證的論點組成的哲學家，通常不願意賦予小說相同的地位。

然而，讀者不必等待太久，就看到波娃以更傳統的哲學形式發表了她的觀點。一九四四年，波娃發表了一本題為《皮瑞斯與辛尼阿斯》（*Pyrrhus et Cinéas*）的論文。這本著作的英文版仍然鮮為人知（雖然在二〇〇四年已經以英文出版），但波娃在書裡

3 **編按** 一九〇八～一九六一年，早年和波娃、沙特一同投入存在主義運動，日後為法國現象學運動領導人物之一，以「身體哲學」為核心，代表作為《知覺現象學》。其著作繁體中文版有《眼與心》，典藏藝術家庭出版。

發展了她的存在主義倫理學。前一年，沙特出版了一本名為《存在與虛無》（*Being and Nothingness*）的哲學巨著，用黑暗的觀點描述人際關係。沙特聲稱人際關係的本質是衝突，因此愛情是無法實現的理想。波娃在一九四〇年代的兩篇哲學論文中，將《存在與虛無》描述為一個「失敗」作品，而存在主義是沒有「隱含倫理學」（imply an ethics）的哲學。因此，波娃介紹自己的作品是提供了存在主義所缺乏的倫理學。儘管如此，她在存在主義發展中的角色，卻普遍受到忽視。

在《皮瑞斯與辛尼阿斯》中，波娃提出了古老的哲學問題：為什麼要做某件事，而不是什麼都不做？「愛鄰人如己」是什麼意思？波娃認為，人並沒有柏拉圖式的本質、伊比鳩魯派（Epicurean）的命運[4]或神聖的呼召，來決定他們成為現在的樣子。當一個人在看待自己的未來時，必須在許多可能的自我之間做選擇，並採取**行動**，才能成為其中的一個自我。作為存在主義者，波娃堅信，人類是被自己的行動所定義，透過追求塑造我們的不同**計畫**，隨著時間不斷成為我們自己。但是我們有多大的自由度可以選擇成為什麼樣的人，她與沙特對這個問題看法分歧。

在《存在與虛無》中，沙特主張，人是完全自由的，無論我們之前決定追求什麼計畫，計畫可以是成為一名作家或哲學家，或者愛一個特定的人，我們在任何時候都可以自由地放棄那個計畫，並追求另一個。但波娃並不認為，我們可以如此輕易放棄成為自己的過去；

而且她也不認為，所有的社會成員都能如此輕易放棄那些制約他們成為自我的外部期望。

在一九四〇年代中期，波娃和沙特成為戰後巴黎具代表性的影響力人士伴侶。波娃在美國和法國講授女性作家的狀況以及新哲學「存在主義」。這時她尚未完全意識到自己的特權；她對人們要求她用一句話總結存在主義感到惱怒，因為他們絕不會期待以如此草率的方式去理解康德或黑格爾。儘管存在主義是一種流行哲學，而且名聲越來越大，波娃仍主張，要真正理解它，就需要理解背後的整個哲學傳統。她繼續發展她的存在主義倫理學，在《模稜兩可的倫理學》（*The Ethics of Ambiguity*，一九四七年）中，她主張，重視自己的自由，卻不重視別人的自由，是不一致的。

《第二性》不僅激起憤怒，更引起變革

《第二性》就是在這個時期發展起來的。波娃去美國的時候，觀察到那裡的兩性關係與法國截然不同。她和她的混血朋友理查（Richard）及愛倫・萊特（Ellen Wright），也親

---

4 **編按** 伊比鳩魯派認為，人並非受到既定的命運所控制。雖然有些事情是偶然發生的，但智者會明白，大多事情的發生是由於我們自身的行為。我們的行為是自由的，也因此那是我們自己的責任。因此，智者很少受到命運的干擾。他生活中重要的事，都取決於自己的智慧和理性。

眼目睹了種族如何分裂美國。她閱讀了瑞典社會學家貢納爾・默達爾（Gunnar Myrdal）[5]的著作《美國的困境》（*An American Dilemma*，一九四四年），默達爾在書中指出，美國的種族關係陷入了一種類似但又有重要不同的惡性循環中。他將這種動態稱為「累積原則」（the principle of cumulation）：黑人被視為低人一等，處於從屬的地位，沒有像他們的白人同胞那樣得到成就，因此他們的白人同胞得出結論，他們天生低人一等，沒有能力得到成就。

波娃想把《第二性》寫成一本像《美國的困境》一樣重要的書，不過是關於女性的困境。最終成了一部兩卷的龐大著作。第一卷研究人為的「女性迷思」（myths of woman）：她調查了生物學、歷史、精神分析、經濟學、宗教和文學，來說明女性通常被定義為男性的「他者」（Other）。在第二卷，她採用獨創的現象學方法，利用許多女性的聲音，以第一人稱角度顯示有關少女時期、青少年、青春期、性啟蒙、懷孕、母親、婚姻、老化等的觀點。總而言之，它們證明了女性因人為的「女性迷思」而遭受的痛苦。

在「女性的處境」中，波娃認為，成為女人就是成為一個「分裂的主體」（split subject），在認知到自己的自由和達成外在強加的理想之間掙扎。「在當前的文化和教育狀態下」，成為一個女人意味著落入一個低等的世界，女性被認為天生就是次要的，要順從於男性。在波娃看來，問題在於，女性並非天生低人一等。從十八世紀以來，狄德羅（Diderot）[6]和其他許多人便認為，女性的地位低下是社會的責任。問題在於，就像波娃的看法，這種情況是否必須永遠持續下去。

波娃認為這不是必然的，但是為了改善女性的處境，男性和女性都必須認知並矯正他們在這種長期情況中的共犯行為，雙方都必須學習將女性視為主體，而不是客體。波娃寫道，長久以來，不管是在公共或私人生活中，女性都被期待透過男性的夢想來做夢。波娃認為，以前的哲學家，例如胡塞爾、沙特和梅洛—龐蒂，沒有考慮到女性身體特有的經驗，以及對女性來說，體現的方式包括被物化，也就是成為男人欲望的「獵物」，無論她們是否願意。成為一個女人就是成為一個被看見的客體，而不是被聆聽的主體。

波娃也回到了愛的概念，認為愛對男人和女人意味著不同的事情。對男人來說，愛是生活的一部分。但對女人來說，愛常常在歷史、哲學和文學中被描繪成彷彿它就是生活本身。女性被期望以一種非對等的方式，為所愛的人犧牲自己。波娃早期的倫理思想所主張的是：要重視你的自由，你也必須重視他人的自由；從這個基礎上發展，她在《第二性》中主張，真正的愛涉及的是，在一種對等的關係中，相互承認愛人和被愛的自由。

《第二性》出版時，波娃的性格遭受了尖酸刻薄的人身攻擊。針對女性受壓迫一事，

---

5 編按 一八九八～一九八七年，為一九七四年諾貝爾經濟學獎得主。

6 編按 一七一三～一七八四年，法國啟蒙思想家、藝術評論家，以二十年時間主編《百科全書》，為其重大貢獻。

她已經提出了一個哲學論證，並否定許多有影響力的男性作家的分析，認為他們是片面的，因為他們只是從一個有限的觀點來描述這個世界：一些男人的觀點。就這方面來說，波娃是維吉尼亞．吳爾芙在《自己的房間》（*A Room of One's Own*）中觀察到的一股動態的絕佳例子——吳爾芙挖苦地說：對女性來說，提出批判的下場是不一樣的。吳爾芙在一九二九年寫道，如果一個女人說「這本書很糟糕，這幅畫不好，或者任何其他事物，和提出相同評論的男人相比，若是沒有引起更多的痛苦與激起更多的憤怒」，是不可能的。

但波娃的作品不僅激起了憤怒，更引起了變革。波娃夢想成為一位文字會「在百萬人心中燃燒」的作家。學生時期的她熱愛哲學，但她認為形而上學者有兩種：一種重視抽象的哲學體系，另一種重視人類的主觀體驗。她屬於後者，在她職業生涯的大部分時間裡，她選擇文學寫作，因為她認為，在具體的情境中，即使是虛構的情境，呈現人類的處境，她的讀者可以經歷「想像的體驗」，這可以幫助他們重新看見自己在世界中的位置。

為女性而奮鬥的龔固爾文學獎得主，以文字與行動對抗壓迫

在整個一九四〇年代和五〇年代初期，波娃又寫了幾本小說，包括獲得著名的龔固爾文學獎（Prix Goncourt）的小說《名士風流》（*The Mandarins*，一九五四年）。但在

一九五〇年代中期，她開始認為，和很多知識分子一樣，她犯下了將文化特權保留給自己的錯誤。她相信，存在主義是一種應該被實踐的哲學。雖然她為了讓那些沒有接受過菁英哲學教育的讀者能真正理解存在主義，而寫了「存在主義」小說，但她認為，《第二性》的訊息太重要了，不該只讓那些可以閱讀八百頁哲學書籍的人才能接觸到。

因此，波娃寫了一些不同類型的作品。在一九五八年，她出版了《一個乖女孩的回憶錄》（*Memoirs of a Dutiful Daughter*），將《第二性》的理論應用到自己的生活中，而且不使用哲學或精神分析的術語。這本書非常成功，數百名普通的法國女性寫信給她，說她已經「走下了神壇」；甚至有人寫信責備她寫《第二性》的方式只有巴黎文人才能理解。在接下來的幾年，波娃繼續以故事的形式書寫她的人生。這些回憶錄出版後，讀者們又回去讀《第二性》，試圖更了解他們自己的處境，直到那個時候，第二波的女性主義運動才開始在法國形成。

波娃在晚年繼續寫小說、傳記和哲學著作；她知道她的筆是對抗壓迫的有力武器。但她不再滿足於在小說中提供解放的女性「想像的體驗」；為了讓世界上的婦女擁有具體的自由，她從事立法改革的運動。除了幫助啟發女性主義運動之外，她還追求變革，包括避孕的權利和離婚法改革，以及禁止女性性感形象的法律。在言論和行動上，她為女性而奮鬥，希望女性能夠將自己視為「看」世界的眼睛；是自由的主體，她們的欲望和樂趣應該塑造世界，而不僅僅是被看的對象。

Simone de Beauvoir

主要文本

- De Beauvoir, Simone, *She Came to Stay*, 1943, Yvonne Moyse and Roger Senhouse (trans.), London: Harper Perennial, 2006
- — *Pyrrhus and Cinéas*, 1944, Marybeth Timmerman (trans.), in *Philosophical Writings*, Margaret Simons with Marybeth Timmerman and Mary Beth Mader (eds.), Chicago: University of Illinois Press, 2004
- — *The Ethics of Ambiguity*,1948, Bernard Frechtman (trans.), New York: Citadel Press, 1976
- — *The Second Sex*, 1949, Constance Borde and Sheila Malovany-Chevallier (trans.), London: Vintage, 2009（繁體中文版《第二性》，貓頭鷹出版）
- — *The Mandarins*, 1954, Leonard M. Friedman (trans.), London: Harper Perennial, 2005
- — *Memoirs of a Dutiful Daughter*, 1958, James Kirkup (trans.), London: Penguin, 2001

推薦延伸閱讀

- Kirkpatrick, Kate, *Becoming Beauvoir: A Life*, London: Bloomsbury, 2019（繁體中文版《成為西蒙波娃》，衛城出版）
- Simons, Margaret, *The Philosophy of Simone de Beauvoir: Critical Essays*, Bloomington: Indiana University Press, 2006
- Stanford, Stella, *How to Read Beauvoir*, London: Granta, 2006

本文作者

凱特・寇克派翠｜ Kate Kirkpatrick

是攝政公園學院（Regent's Park College）哲學與基督教倫理學研究員，曾是倫敦國王學院「宗教、哲學及文化」講座講師。她曾在牛津大學女性研究碩士課程教授「西蒙・德・波娃的哲學和女性主義」，並且撰寫了許多關於波娃、沙特和存在主義的書籍及文章。

Iris Murdoch
艾瑞斯·梅鐸

1919–1999

菲·尼克 著
Fay Niker

「牛津四人」之一，哲學成就不遜於文學光芒

名列「牛津四人」的小說家

很多人對艾瑞斯·梅鐸的認識主要或僅限於她的小說家身分。她出版了二十六本小說，從一九五四年的《網之下》（*Under the Net*）開始，這本書被現代圖書館（Modern Library）選為二十世紀百大英文小說；到一九九五年的《傑克森的困境》（*Jackson's Dilemma*）為止，在她被診斷出患有阿茲海默症的前一年。在豐富、獨特的散文（prose）語言中，她獨樹一格地探討善與惡、性關係、道德和無意識的力量等哲學主題，讓她成為戰後英國最受尊敬的小說家之一，並因此受封大英帝國司令勳章女爵士（Dame Commander of the Order of the British Empire）。

艾瑞斯女爵士也受過道德哲學家的訓練，並以此為業，在牛津大學擔任哲學教學研究員的職位（tutorial fellow，一九四八年至一九六三年），在隨後的生活中仍繼續出版具有影響性的作品，最著名的是一九七〇年的《善的主權》（*The Sovereignty of Good*）。多年來，梅鐸在文學上的成就被認為超越她身為哲學家的成就和影響，但是這個觀點現在有了轉變。近期的學術研究追溯梅鐸的獨特思想對英美哲學所產生的實質性、甚至是變革性的影響；當代思想家也日益頻繁地回顧起她有先見之明的作品，並在其中發現了豐富的資源，可以用來理解我們身為道德存有（moral being）的複雜性。因此，她作為哲學家的影響力，似乎比身為布克獎（Booker Prize）小說家得主的聲望更強大：她的哲學成就正從過往中獲得恢復，而且持續增加中。

珍・艾瑞斯・梅鐸（Jean Iris Murdoch）於一九一九年出生在愛爾蘭都柏林，是一對英裔愛爾蘭夫妻的獨生女。在她還是嬰兒的時候，父親因身為衛生部職員的工作，舉家搬到倫敦，不過他們仍然經常返回愛爾蘭。她的第九本小說《紅與綠》（*The Red and the Green*，一九六五年），背景設定在一九一六年復活節起義前一週的都柏林，探討一個宗教和政治隸屬皆不相同的英裔愛爾蘭家庭中錯綜複雜的相互關係。狄克倫・凱博德（Declan Kiberd）在導言中寫道，梅鐸「像她之前和之後的許多英裔愛爾蘭人一樣，開始了解到在英國宣稱自己是愛爾蘭人，在愛爾蘭卻覺得自己是英國人的奇怪狀況」。然而，愛爾蘭人的身分認同對她影響深遠；她在一九九〇年接受《巴黎評論》（*The Paris Review*）訪問時表示，「我感覺自己非常愛爾蘭人。」

梅鐸在貝明頓中學（Badminton，布里斯托〔Bristol〕的一所寄宿學校）就學期間表現優異，並於一九三八年前往牛津大學薩默維爾學院（Somerville College）攻讀古典學科學士學位（Mods and Greats），這是一個結合希臘和拉丁文學、古代歷史和哲學的學位。當第二次世界大戰在歐洲肆虐時，她在這裡結識了菲利帕・福特、瑪麗・米奇利及伊莉莎白・安斯康姆[1]。這一批傑出女性哲學家的出現，其中還包含瑪麗・沃諾克男爵夫人[2]，部分原因被認為是，戰爭期間學生中相對缺乏男性。米奇利在二〇一三年寫給《衛報》（*Guardian*）的一封題為「女性哲學的黃金年代」的信裡說道：「作為戰時團體中的倖存者，我只能說：抱歉，但原因確實是當時的男性比較少。」

最近，有人建議將這四位女哲學家視為獨特且之前未被承認的「全女性哲學學派」（all-female philosophical school）。克萊爾・麥克・庫姆哈爾（Clare Mac Cumhaill）和瑞秋・

---

1 編按 第一位請見本書〈引言〉註4。後兩位的介紹請見接下來兩章。

2 編按 見本書〈瑪麗・沃諾克〉一章。

魏斯曼（Rachael Wiseman）在杜倫大學的「括弧計畫」中提出的證據是，在戰後的幾年裡，這些女性定期在菲利帕．福特家中聚會，討論一項野心勃勃的計畫，就是「對現代西方哲學中關於人性、感知、行為和倫理的主要概念，進行詳細而全面性的哲學回應」。回顧她們許多受人矚目的出版品，進一步證明了這個相互關係：米奇利為梅鐸的《善的主權》一書寫了序文；福特將〈道德哲學裡的善與惡及其他論文〉（Virtues and Vices and Other Essays in Moral Philosophy，一九七八年）獻給了她曾經的情人梅鐸；梅鐸則將《作為道德指南的形而上學》（*Metaphysics as a Guide to Morals*，一九九二年）獻給了安斯康姆。

思索善的定義，向內探求道德的願景和選擇

從畢業到重返哲學界的這五年間，對梅鐸而言是成長時期。在戰爭的其餘時間，她在倫敦的財政部工作（一九四二到一九四四年），更重要的是，在聯合國善後救濟總署（United Nations Rehabilitation and Relief Administration）擔任行政官員（一九四四到一九四六年）。她起初先到比利時，一九四五年在當地短暫地與尚—保羅．沙特相遇，然後再到奧地利。根據梅鐸的朋友兼傳記作者彼得．J．康拉迪（Peter J. Conradi）的說法，在歐洲目睹了人類社會的崩壞，以及她的第一個摯愛法蘭克．湯普森（Frank Thompson）在一九四四年被

納粹俘虜和處決後，「讓痛苦的艾瑞斯．梅鐸，投入了道德哲學的領域」。當她重返哲學領域——她先是於一九四七年獲得劍橋紐納姆學院（Newnham College）的莎拉．史密森（Sarah Smithson）獎學金，之後於一九四八年在牛津聖安妮學院（St Anne's College）擔任研究員——她的注意力轉向於定義「善，其目的是依循它的光指引我們的生活」。她對這方面的獨特觀點，表達出戰時團體所尋求的，廣泛、替代的道德哲學取向的一個重要面向，並已經成功將其建立起來。

梅鐸否定了當時兩種主要的道德態度。第一種是她的牛津劍橋同期人物採取的英美分析哲學。像R．M．黑爾（R. M. Hare）[3]和斯圖亞特．罕布夏（Stuart Hampshire）[4]等哲學家也深受戰時經驗的影響；黑爾當了三年的日本戰俘，而罕布夏在戰爭結束時審訊納粹軍官，讓他相信邪惡的存在。他們的回應是組成並促進「強大的選擇至上（choice-is-all）道德哲學學派」，主張公開的行動就是做出道德選擇的時刻，就是我們道德生活的核心，而且意志是選擇適當行動的主要機制。第二種態度是大陸存在主義（Continental existentialism），最著名的是尚—保羅．沙特和西蒙．德．波娃的作品。梅鐸的第一本書（真的很了不起，這是首度以英文出版的關於沙特哲學書）是《沙特：浪漫理性主義者》（*Sartre: Romantic Rationalist*，一九五三年）。存在主義也關注意志和選擇的議題，認為道德觀不是固定不變的，而是經由我們的選擇意志所創造的。儘管存在著差異，這些在一九五〇和六〇年代占主流地位的「現代」道德哲學學派，卻都是依據相同的人性觀點；但梅鐸認為，這種根本的道德心理學想像是錯的，而且在哲學上是扭曲的。

梅鐸提出相反的描述，試圖描繪我們**內在生活**對道德行為的重要性。她在〈道德的願景和選擇〉（Vision and Choice in Morality，一九五六年）中開始了這項任務，後來在《善的主權》中闡述了一個更成熟的版本，特別是其中收錄的三篇論文的第一篇，題為〈完美的想法〉（The Idea of Perfection，最初在一九六四年發表於《耶魯評論》〔*The Yale Review*〕）。在正確理解下，道德至少在關乎選擇的同時，也關乎「願景」（vision）。梅鐸的這句話是什麼意思？簡言之，在行動者（agent）之外存在一個道德現實（moral reality），它在「選擇至上」的想像裡並不存在；但是一旦有此認知，身為道德行動者的我們，主要任務的焦點就會轉移到，去**看見**或**感知**我們周圍這個價值世界的道德特徵。對梅鐸來說，只有當我們更能掌握影響我們內在願景的力量，而不會妨礙我們正確看待他人時，才可能做出正確的選擇。

3 **編按** 一九一九～二〇〇二年，當代英國道德哲學家。

4 **編按** 一九一四～二〇〇四年，當代英國哲學家和文學評論家，為英國國家學術院（British Academy）院士。研究領域為心靈哲學、道德哲學。

梅鐸在這裡提出的主要寓言是，有一個母親M，她對她的媳婦D懷有某種敵意，覺得她有點粗俗、幼稚得令人厭倦，配不上她的兒子。儘管如此，梅鐸假定，M一直對D舉止得體，以致從任何外在行為都無法察覺出她真實的想法。而M基於善意，也自覺到自己可能潛存的道德缺陷（例如勢利、嫉妒、偏見、控制的傾向），因此為自己設定目標，要改變對D的看法。儘管她的外在行為沒有發生任何改變（根據梅鐸在這個例子的假定），我們要說，M對內在願景的調整，構成了道德上重大的活動（雖然無法觀察到），也就是一些內在的道德進步。然而，令梅鐸沮喪的是，她認為這件我們「忍不住要說」的事，被選擇至上的道德哲學封鎖了。

注意力向善，就會激發內在的愛

梅鐸的替代主張深受二十世紀法國哲學家、政治活動家和神祕主義者西蒙・韋伊（Simone Weil）[5]作品的影響。與〈道德的願景和選擇〉同一年，梅鐸也在《旁觀者》（*The Spectator*）上發表了她對《西蒙・韋伊的筆記本》（*The Notebooks of Simone Weil*，亞瑟・威爾斯〔Arthur Wills〕譯，一九五六年）的評論。這是艾瑞斯・梅鐸作為道德哲學家的發展和職業生涯的關鍵時刻，卻也導致她退出哲學的主流，〈道德的願景和選擇〉成為她最後一篇刊登在「學術哲學標準年鑑」（standard annals of academic philosophy）的論文。賈斯汀・布洛克斯（Justin Broackes）[6]認為，大致上是因為，「在現存的哲學世界中，要馴化她從韋伊發展出來的新觀點」所面臨的困難。梅鐸在韋伊的基督教柏拉圖主義思想中，找到了啟發她重新閱讀柏拉圖的資源，並在後來成為她在《善的主權》中自己（非宗教的）論點的基礎。這些論點的主要構成是：第一，善是一種超越的現實，因此好人是看到事物如其所是的人；第二，把我們的注意力導向善，會激發我們內在的愛；第三，在這方面達到完美時，我們不再需要做選擇，因為我們對周遭現實的注意力會自動引發適當的行動。

因此，注意力就成為一個核心的道德概念；對於梅鐸來說，它捕捉了「以公正與充滿愛的目光凝視個人現實的觀念」，她認為這是「積極道德行動者獨特而適當的標誌」。而且，在她看來，這是改變我們如何理解道德自由的重要效應，如同她在《善的主權》中寫道：

---

5 **編按** 一九〇九～一九四三年，二十世紀「黑暗年代」（一九三三～一九四三年）的重要哲學家之一，與漢娜・鄂蘭、西蒙・波娃齊名。其著作繁體中文版有《扎根：人類義務宣言緒論》，商務印書館出版。

6 **編按** 牛津大學哲學博士，現任教於布朗大學。主要研究興趣包括形上學、知識論和心靈哲學等。與梅鐸相關的文章為：Section 1, “Biography and Philosophical Career”, from the Introduction to Iris Murdoch, Philosopher (Oxford University Press, 2011)。

> 如果我們忽略先前注意力的作用，只注意到選擇瞬間的空虛，我們很可能會將自由等同於外在的行動，因為沒有其他事物可以與之等同。但是，如果我們思考注意力的作用方式，它是如何持續地進行，以及它如何不知不覺地在我們周圍建立起價值結構，那麼，對於在選擇的關鍵時刻大多數的選擇工作早就已經結束，我們就不會感到驚訝。

這對現代道德哲學形成了重要的挑戰，並為其他哲學家（例如菲利帕・福特、伊莉莎白・安斯康姆、約翰・麥克道爾〔John McDowell〕[7]和伯納德・威廉斯〔Bernard Williams〕[8]）奠定了發展一種道德哲學態度的基礎，讓它能夠處理我們內在世界的紋理，以及它們在我們的生命歷程中所產生的性格模式。然而，有趣的是，目前在道德心理學領域，以及相關的德性理論（virtue theory）、特殊主義（particularism）、情感與道德感知運動工作的許多人，往往完全沒有意識到梅鐸在發動這些研究領域中所扮演的角色。根據賈斯汀・布洛克斯的說法，這種影響主要可以回溯到麥克道爾，對於梅鐸複雜的觀點，他「在自己的（更可馴化的）哲學脈絡中，為其提供了一個新的架構和支持，而且在持續和引人注目的辯論中，展現出它們在哲學市場的力量」。

有鑑於梅鐸有先見之明的哲學想像和視野，我認為有些奇怪而且可惜的是，她的著作對於我們「看」什麼以及如何「看」的社會和政治決定因素卻缺乏真正的興趣。檢視個人美德與社會世界之間複雜關係的研究，正在不斷增長中。這個發展趨勢有部分是為了因應心理學的重要發現，例如，在種族主義者和性別歧視者的判斷與行動中發揮作用的隱性偏見。這些情況為梅鐸的敘述帶來了一個問題，因為從個人層面上著手不僅往往是無效的，有時還是有害的。因此，我們也必須考慮可能需要哪些社會與政治變革來支持梅鐸所重視的內在道德的作用。

哲學貢獻逐漸獲正視

回到身兼小說家與哲學家的梅鐸，我們可以明白，這種相當異常的身分定位在某種程度上自然是源自於她的哲學視野。梅鐸對於道德哲學和敘事小說之間的關係的理解，在許多訪談中都可看出梗概，特別是一九六五年與法蘭克．克莫德（Frank Kermode）的訪談[9]

7 **編按** 一九四二年～，當代哲學家，主要研究領域為心靈哲學和語言哲學。為英國國家學術院（British Academy）院士。

8 **編按** 一九二九～二〇〇三年，二十世紀知名的英國道德哲學家。

9 **作者注** 英國廣播公司（BBC）現代小說家（Modern Novelists）系列。

和一九七七年與布萊恩·麥奇（Bryan Mage）的訪談[10]，這兩場訪問都很容易找到，而且值得一看。在第一個訪問中，她說：「哲學和小說截然不同；書寫哲學是一件非常不同的工作，（因為）目標是達到不同的結果……但主題是相同的，那就是人性的運作。」因此，依據瑪莎·納思邦[11]所說的，梅鐸試圖在小說中記錄和探索的多層次經驗，「既是哲學的素材，也是生活的素材」。在藝術和道德上，她都設法發現實相。

從一九五六年到一九九九年二月去世為止，梅鐸與文學評論家、作家和牛津大學英語教授約翰·貝禮（John Bayley）有著幸福的婚姻（儘管並不總是忠誠），享年七十九歲。貝禮寫了《艾瑞斯的輓歌》（*Elegy to Iris*，暫譯，一九九九年），深情地敘述了他們的關係以及她與阿茲海默症對抗的故事。這是一個極大的悲劇，一個如此投入於發現實相的人，卻失去自己的實相；一個如此精通語言、如此罕見的思想家，竟失去這些能力。電影《長路將盡》（*Iris*）[12]即以這部回憶錄為本，其中梅鐸由凱特·溫斯蕾（Kate Winslet）和茱蒂·丹契（Judi Dench）所飾演。

艾瑞斯·梅鐸對道德哲學的深遠影響始終沒有獲得充分地認可，慶幸的是，這種情況如今正在改變。儘管她退出了學術哲學領域，但今日有越來越多哲學家回歸梅鐸的作品，並且受到啟發。我期待見到艾瑞斯·梅鐸和她的作品對道德和政治哲學的未來有進一步的影響。

10 **作者注** BBC現代哲學（Modern Philosophy）系列，名為「思想家」（Men of Ideas），英文名稱也有「有思想的男人」之意，頗為諷刺。

11 **編按** 見本書〈引言〉註1。

12 **作者注** 導演為李察・艾爾（Richard Eyre），二〇〇一年作品。

Iris Murdoch

主要文本

- Murdoch, Iris, *Sartre: Romantic Rationalist*, Cambridge: Bowes and Bowes, 1953
- Murdoch, Iris & Hepbern R. W, 'Symposium: Vision and Choice in Morality', Proceedings of the *Aristotelian Society, Supplementary Volumes*, Vol. 30, Dreams and Self-Knowledge, 1956, 14–58
- Murdoch, Iris, 'The Sublime and the Good', *Chicago Review*, 1959
- — *The Sovereignty of Good*, London: Routledge & Kegan Paul, 1970
- — *Metaphysics as a Guide to Morals*, London: Penguin, 1992

推薦延伸閱讀

- Bayley, John, *Elegy for Iris*, New York: Picador, 1999
- Broackes, Justin (ed.), *Iris Murdoch, Philosopher*, Oxford: Oxford University Press, 2012
- Conradi, Peter J., *Iris Murdoch: A Life*, London, W.W. Norton & Co., 2001
- Mac Cumhaill, Clare, and Wiseman, Rachael, In Parenthesis project, Durham University (http://www.womeninparenthesis.co.uk/)
- Nussbaum, Martha, 'When She Was Good', *The New Republic*, 2001

本文作者

菲・尼克｜Fay Niker

是蘇格蘭斯德靈大學（University of Stirling）哲學助理教授，研究社會與政治哲學和應用倫理學。她曾是史丹佛大學麥考伊社會倫理中心（McCoy Center for Ethics in Society）的博士後研究員，之前則在華威大學（University of Warwick）取得政治理論博士學位。

Mary Midgley

瑪麗·米奇利

1919–2018

艾莉·羅布森 著
Ellie Robson

強調人絕非孤立個體，務實關懷人際關係與動物倫理

對現實問題提供積極解方的務實哲學家

瑪麗·米奇利是一位充滿活力的道德哲學家，在她漫長的一生中，始終保持無窮盡的想像力以及對二十世紀分析哲學典範的持續質疑。不過，儘管米奇利的寫作風格清新易懂，而且關注現實世界的問題，但是她更廣闊的哲學視野很大程度上並未受到重視。米奇利的某些工作已經廣為人知，例如，對動物倫理學的參與以及對理查·道金斯（Richard Dawkins）[1]的批評，可是她的哲學廣度遠超越這些主題。

1 **編按** 一九四一年～，著名英國演化生物學家，代表作為一九七六年出版的《自私的基因》（*The Selfish Gene*），繁體中文版由天下文化出版。

很多分析道德哲學家經常關注抽象難題，或捍衛特定的哲學學說，但米奇利不一樣，她更關心於拓展和增加我們對事物的觀點。她的著作充滿了關於人類道德生活的豐富思想，特別是檢視人類、我們的本性以及我們在世界上的位置。然而，一旦讀過米奇利的著作，你就會注意到類似的主題和訊息，就這層意義而言，米奇利的哲學或許可以說是整體論的（holistic）[2]，而且是有系統的。她致力於現代科學、演化論、環境倫理和女性主義的辯論，她的哲學顯示出持續而務實地關切下一個「手頭的任務」。對於我們在現代世界中面臨的日常焦慮，她提出了積極的解決方法。

米奇利不是一直都確定她的哲學方向，因此她的學術生涯有點不太正常。儘管大多數和她同時代的人不斷地發表書籍和文章，米奇利卻專心當一名教師、學者和母親，在職業生涯即將結束時才書寫學術性的哲學。這種奇怪的路徑可能減緩了哲學文獻採納米奇利哲學的速度，但正如她以一貫的明智口吻所告訴我們的，她「非常高興」等到五十多歲才發表：「在那之前，我不知道我在想什麼！」

米奇利的回憶錄《密涅瓦的貓頭鷹》（*The Owl of Minerva*，二〇〇五年）呈現了她

---

2 譯注 主張一個系統各部分為一個有機的整體，不能切割或分開來理解，與還原論相對。

早年體貼懂事而無憂無慮的生活。瑪麗一九一九年出生於倫敦，母親萊斯莉（Lesley）和父親湯姆・斯克魯頓（Tom Scrutton）對政治很感興趣，她的父親後來成為劍橋大學國王學院（King's College, Cambridge）的牧師。一九二四年，斯克魯頓全家搬到了密德薩斯（Middlesex）的格林福德（Greenford），瑪麗在那裡接受典型中產階級的教養方式。她描述她熱愛大自然的童年，回憶與弟弟休（Hugh）的戶外探險時光。十二歲時，她開始在紐伯里（Newbury）附近一所女子寄宿學校唐屋中學（Downe House）讀書，並沉浸在詩歌、拉丁語和戲劇裡，她回憶起十六歲時閱讀柏拉圖，並認為那是「了不起的東西」。

一九三八年，米奇利開始在牛津薩默維爾學院攻讀古典學科學士學位。身為哲學領域少數的女學生，她描述當她進入牛津時，哲學是由聰明的年輕男性所主導。對這些男人來說，哲學是一場展現智力的激烈競賽，贏得辯論的目的不在於增加理解，而是避免顯得軟弱。A・J・艾耶爾（A. J. Ayer）[3]的《語言、真理與邏輯》（*Language, Truth and Logic*）才發表兩年，就已經產生很大的影響。艾耶爾在書中主張要嚴格區分事實與價值，不過這讓倫理問題留在一個獨立存在的領域，缺少任何事實的內容，也將道德哲學家的工作簡化為語言分析。

米奇利並不滿意牛津大學提供給她的這種「道德哲學」，幸運的是，她並不孤單。她在牛津結識了三位志同道合的哲學家，那就是伊莉莎白・安斯康姆、菲利帕・福特和艾瑞斯．梅鐸，她們後來也都憑藉著自己的能力成為傑出的哲學家。一九三九年時，二次世界戰爭開始，很多年輕人被徵召入伍，讓這個四人組擺脫了男性主導哲學研究的普遍常態，而處於一種獨特的歷史位置。米奇利和她的朋友們接受年長與拒絕從軍的教授們的教導，之後應用這些戰時得到的教育，為受艾耶爾啟發而席捲牛津的典範，提供另一種道德哲學。這些女性再次將倫理學帶回人類經驗的領域裡，而不是進行沒完沒了的語言分析。由克萊爾．麥克．庫姆哈爾和瑞秋．魏斯曼領導的杜倫大學括弧計畫，仍在延續她們集體工作的傑出貢獻。

一九五〇年，瑪麗嫁給了哲學家傑夫．米奇利（Geoff Midgley），這對夫婦搬到了新堡，並在那裡度過了他們整個職業生涯。米奇利撫育了三個兒子後，開始寫作。瑪麗雖然起步比較晚，但一旦開始發表作品，就沒有停止過：她在五十九歲到九十九歲之間，寫了兩百多本書、文章和章節，經常為《新科學家》（*New Scientist*）和《衛報》撰稿。她充滿活力的語氣和直率的良知持續通過無線電台傳播；多年來，在廣播四台（Radio 4）的《道德迷宮》（*The Moral Maze*）和《女人的時刻》（*Woman's Hour*）等廣播節目中，經常可以聽到

3 編按 一九一〇年～一九八九年，英國哲學家，當代邏輯哲學代表人物。

她的發言。她與理查・道金斯和丹尼爾・丹尼特（Daniel Dennett）[4]等當時著名的思想家直接交流，並成為知名的道德哲學家和公共知識分子。二〇一八年，就在米奇利於九十九歲去世之前，出版了最後一本書《哲學有何用？》（*What Is Philosophy For?*）。

「哲學水管工」的比喻：哲學是生活的中心，與人生並無距離

米奇利的思想是整體論的，因此很難被歸類在任何特定的哲學「框架」裡。與在她年輕時代於牛津大學占主導地位的語言典範不同，根據米奇利的說法，哲學與人生之間沒有明顯的距離；從一端通往另一端，就像在屋裡的房間走動一樣輕鬆而熟悉。她在《密涅瓦的貓頭鷹》一書中寫道，「哲學並不是一種奢侈品，而是必需品」，是人類處境中不可避免的一部分，就像長大成人或墜入愛河一樣。當我們在做哲學工作時，我們不應該像「孤立的知識分子」一樣進行毫無生氣的計畫，相反的，我們應該是人類共同發展中互相協作的生活過程的一部分。哲學是很簡單的，而且很自然與人性有關。在人類文明的發展上，與米奇利同時代的男性所主張的哲學概念普遍將事實和價值區隔開來，但米奇利拒絕這樣做。

米奇利的哲學概念是以現實世界的問題為導向，這在她的元哲學（meta-philosophy）[5]

中最為明顯，也就是她對於道德哲學家的方法和角色的觀點。米奇利在《烏托邦、海豚與電腦：哲學水管工的問題》（*Utopias, Dolphins and Computers: Problems of Philosophical Plumbing*，一九九六年）一書中，不斷在哲學和水管工程之間進行詳細的比較。兩者都與底層的結構有關，它們在提供人們日常生活所需的資源上，發揮了非常重要卻不受注意的作用，平常在我們注意力的表層之下默默運作，只有在混亂的洪流崩潰時才會顯露出來。當這種情況發生時，我們的觀念變得停滯不前，這時，「掀開地板」檢視我們的錯誤觀念，著手解決問題，就是哲學家的工作，就像水管工一樣。

這個有力的比喻強調了米奇利的論點：哲學是生活的中心。哲學的確很重要，就如水管工程一樣，即使我們可以長期忽視它，但是我們賴以生存的神話（借用米奇利的說法）遲早會停滯不前，而且需要修復。

米奇利的哲學中一個不變的主題是「世界觀」（world-pictures）或「神話」（myths），指富有想像力的願景，表達人類社會賴以生存的規範和做法的故事。在《我們賴以生存的

4 **編按** 理查·道金斯見本章註1。丹尼爾·丹尼特（一九四二年～）為美國哲學家、神經科學家，研究集中於與演化生物學及認知科學有關的科學哲學與生物學哲學。

5 **譯注** 指「對哲學本質的研究」，包括哲學的目的、範疇與研究方法等。

神話》（*The Myths We Live By*，二〇〇三年）一書中，米奇利鬆動了許多神話，例如今日依然盛行的社會契約神話。這個因啟蒙哲學而普及化的想法，是指「道德在本質上只是一種契約」，由社會中孤立和自主的個人自由簽訂。米奇利在自傳中指出，鬆動神話的做法顯示，哲學在很大的程度上就像是治療；「當事情變得黑暗、難以看清，而非清晰明確時」，這是一項必要的活動。雖然她意識到這種寬闊的願景有其必要，但是她認為，當我們忍不住認為，一個故事或願景可以涵蓋世界所有的複雜性時，就會出現問題；因為如此一來，我們的願景容易變得片面而簡化。她並不認為社會契約神話是錯誤的，而是它是一種「典型的啟蒙簡化例子」。

這種擁抱「令人深感困惑的世界」的多面向複雜性的概念，使得米奇利與日益盛行的哲學趨勢背道而馳——這種趨勢傾向於減少以及弭平道德場景（moral scene），也就是說，傾向於關注某個單一的觀點或實體，例如基因、競爭、市場，以便對道德現實作出一種統一的解釋。米奇利在《孤獨的自己》（*The Solitary Self*，二〇一〇年）和《救贖的科學》（*Science as Salvation*，一九九二年）中批評了「社會原子論」（social atomism）[6]和「自私基因」[7]等概念，以表達她對這種趨勢的質疑。同樣地，她警告我們，在現代版的維多利亞式社會達爾文主義（Victorian social Darwinism）[8]中，不切實際地接受極端競爭的人性，會助長「過度個人主義」的危險。在《進化論是一種宗教》（*Evolution as a*

Religion，一九八五年）中，她認為理查．道金斯等現代科學人士扭曲了達爾文的進化論，而創造出一個有害的神話，即：人類是完全孤立的個體，在不斷競爭的自然世界中無家可歸。對米奇利來說，這是一個有害的神話，因為它鼓勵我們將自己視為「無實體的心靈」（disembodied minds），而不是「地球上的生物」，這種自我概念可能會導致我們的生活變得很糟糕。再一次地，米奇利回到「哲學並不是獨自一人的努力」的觀念。相反的，就像水管工程一樣，我們的哲學是需要共同合作與協力的活動，需要「維持水的流動」以及共同構建我們賴以生存的圖像。

重視依賴、關係，人從來不是孤立的個體

那麼，米奇利的道德觀是什麼？根據《野獸與人》（*Beast and Man*，一九七八年），

---

6 譯注 社會學術語，借用物理學的原子觀念，認為人是孤立的原子，是分析社會生活意義的基本單位。

7 編按 見本章註1。

8 編按 十九世紀英國維多利亞時代，達爾文提出其生物演化論，當時歐洲大陸的殖民主義和帝國主義當道，因此達爾文學說中的「適者生存」概念被應用於人類社會發展的論述，出現「社會達爾文主義」，又稱社會進化論。

哲學是對我們複雜的本性和我們在自然界中的處境的研究；研究非常真實的友誼、親屬關係與社會依賴關係，以及我們作為相互依賴的社會存有（social being）的生活方式。那麼，她的道德哲學可以被廣義地歸在倫理自然主義（ethical naturalism）的範疇；倫理取決於人類生活的事實，而這些事實必須經過仔細研究人類動物來發現。因此，我們豐富的文化是根植於自然界，並受到它的支持，而不是與之格格不入。然而，米奇利的自然主義是不可化約的。就像菲利帕·福特在《自然的善》（*Natural Goodness*，二〇〇一年）一書中所呈現的自然主義一樣，米奇利認為，我們的道德和理性本質是人類「生命形式」豐富而複雜的產物。

米奇利一貫強調依賴、關係和整體論，這與當代哲學對女性主義、環境倫理和動物倫理的辯論有高度的相關。在《野獸與人》一書中，米奇利描述了另一個有問題的神話，即對於人類和動物之間——也就是不受法律控制的機械式的「野獸」和理性、聰明的「人」之間——「存在某些巨大差異」的誤解。對米奇利來說，這種嚴格的區分，尤其是當我們陷入這種狹隘的二元論方法時，我們會很難了解我們的真實本性。相反的，我們必須將自己置身於動物之中；「我們不僅是很像動物；我們就**是**動物。」米奇利的自然主義鼓勵我們，將人類動物視為對本能敏感的動物，就像動物王國的其他動物一樣。同樣的，我們在米奇利的著作中發現了一個共同點，就是批評人類是孤立的這個荒謬觀念，這個觀念得到孤立個體的神話所支持。

鼓勵哲學家重新詮釋野獸與人的神話，對於我們對待非人類動物以及我們與更廣泛的自然環境的關係，提供了豐富的觀點。將我們自己視為自然界的延續，重新構建了人類行為（例如肉品工業）如何破壞我們居住的地球的相關討論。

那麼，米奇利的貢獻是什麼？支撐著米奇利豐富著作的是她本身的一則神話。這則神話描繪的是一個通曉哲學的人類，同時也是一個動物。在不斷變化的世界中，這個存有依照「世界觀」生活，卻拒絕減少和簡化的衝動。對米奇利來說，接受這個神話意味著，要在「孤立的人」的膚淺神話之上，繪製出「人類動物在自然界中自在生活」這幅更豐富而多面向的圖畫來取而代之。作為一名哲學家，米奇利確實領先於她的時代。我真誠地鼓勵你去認識她的哲學思想。

Mary Midgley

主要文本

- Midgley, Mary, *Beast and Man: The Roots of Human Nature*, London: Routledge Classics, 1979
- — *Heart and Mind: The Varieties of Moral Experience*, London: Routledge Classics, 1981
- — *Animals and Why They Matter*, Athens: University of Georgia Press, 1983
- — *Evolution as a Religion: Strange Hopes and Stranger Fears*, London: Methuen & Co., 1985
- — *Science as Salvation: A Modern Myth and its Meaning*, London: Routledge Classics, 1994
- — *Utopias, Dolphins and Computers: Problem of Philosophical Plumbing*, London: Routledge Classics, 1996
- — *Science and Poetry*, London: Routledge Classics, 2001
- — *The Owl of Minerva: A Memoir*, London: Routledge Classics, 2005
- — *The Solitary Self: Darwin and the Selfish Gene*, London: Routledge Classics, 2010
- — *The Myths We Live By*, London: Routledge Classics, 2011
- — *What Is Philosophy For?*, London: Bloomsbury Academic, 2018

推薦延伸閱讀

- Foot, Philippa, Natural Goodness, Oxford: Clarendon Press, 2001
- Kidd, Ian James and McKinnell, Liz(eds.), *Science and the Self: Animals, Evolution and Ethics: Essays in Honour of Mary Midgley*, London: Routledge, 2016
- Mac Cumhaill, Clare and Wiseman, Rachael, 'A Female School in Analytic Philosophy: Anscombe, Foot, Midgley and Murdoch', 2018, available at www.womeninparenthesis.co.uk
- Midgley, David, *The Essential Mary Midgley*, London: Routledge, 2005
- Warnock, Mary, *Women Philosophers*, London: J.M. Dent & Sons Ltd, 1996
- 有關米奇利和她同時代人的更多資訊，請訪問「括弧計畫」（In Parenthesis project）網站：http://www.womeninparenthesis.co.uk

本文作者

艾莉・羅布森｜Ellie Robson

是杜倫大學哲學系碩士生，她也在這所大學完成了學士學位。艾莉關注瑪麗・米奇利的哲學思想，主要研究二十世紀哲學界的女性，探索主題為倫理自然主義和人性。

Elizabeth Anscombe
伊莉莎白·安斯康姆

1919–2001

漢娜·卡內吉—阿布斯那特 著
Hannah Carnegy-Arbuthnott

以「意圖」為道德評估依歸，寫出現代倫理哲學經典

深獲維根斯坦喜愛的傑出哲學後輩

伊莉莎白·安斯康姆是二十世紀哲學中最重要的一號人物，也是最有趣的人物之一。安斯康姆於一九一九年出生在愛爾蘭，後來在倫敦南部求學，她獲得了牛津大學聖休學院（St Hugh's College）獎學金，攻讀古典文學和哲學，或稱為古典學科學士學位。她雖然在古代史的考試中表現不佳，但哲學方面卻非常出色，獲得了一級榮譽學位（first class degree）[1]。（羅傑·

1 **譯注** 英國的學制會依在學期間的修習內容及成績分等級授予學位，分為榮譽和普通學位兩大類。榮譽學位又分為一級榮譽學位（first class degree）；二級甲等榮譽學位（2:1 degree）；二級乙等榮譽學位（2:2 degree）；三級榮譽學位（third class degree）；

泰希曼〔Roger Teichmann〕[2]告訴我們，面對「你能告訴我們一位羅馬省長的名字嗎？」以及「關於你應該已經研究過的時期，有沒有任何你想要告訴我們的事？」等問題時，安斯康姆只回了「不」字〔答第二題時還帶著些許絕望〕而結束了口試）。而她長達數十年的傑出職業生涯就這樣開始，並對哲學做出開創性的貢獻，而且對她的學生產生了深遠影響，其中許多人也成為著名的哲學家。除了專業的成就外，安斯康姆還是虔誠的天主教徒，與哲學家丈夫彼得．吉奇（Peter Geach）[3]一起撫養了七個孩子。正如她的同事菲利帕．福特所說的，只有「心智、意志和身體都具強大力量」的女性，才可能達到這些成就。

安斯康姆在形而上學、哲學史、心靈哲學、道德哲學和宗教哲學方面都發表了重要的著作。她最著名的作品《意圖》（*Intention*，一九五七年）被廣泛譽為現代哲學經典，並被描述為二十世紀行動哲學（philosophy of action）[4]的決定性時刻。同樣地，她的文章〈現代道德哲學〉（Modern Moral Philosophy，一九五八年）刺激了當代德行倫理學（virtue ethics）的發展。但安斯康姆是以譯者的身分獲得了第一次的認可，因為她在一九五三年出版了維根斯坦（Wittgenstein）《哲學研究》（*Philosophical Investigations*）的權威性英文版本。

還在研究生時期時，安斯康姆在劍橋大學紐納姆學院遇見了維根斯坦。她參加維根斯坦的講座，成為他最忠誠的一個學生，最後成為親近的朋友。維根斯坦去世時，安斯康姆是他遺囑中指定的三位著作遺產執行人（literary executors）之一。她編輯與合編了幾卷維根斯坦的遺作，翻譯了許多文本，並寫了《維根斯坦邏輯哲學論簡介》（*An Introduction to Wittgenstein's Tractatus*，一九五九年）。安斯康姆研究所畢業後，成為牛津薩默維爾學院的研究員，而在職業生涯的後期她終於回到劍橋大學，接替維根斯坦在哲學系的席位（chair）[5]。雖然維根斯坦無庸置疑影響了安斯康姆的著作，但他們的關係絕對不是師徒關係，她的著作範圍遠遠超出對維根斯坦作品所發表的評論。此外，維根斯坦對倫理命題的存在持懷疑態度，但安斯康姆大部分的哲學都直接處理第一階（first-order）[6]的道德問題。

普通學位則未再區分。一級是大學中的最高成績，通常可以得到獎學金繼續攻讀更高學位。

2 **編按** 現任牛津大學聖希爾達學院（St Hilda's College）哲學講師，研究領域即為語言哲學、心靈哲學、維根斯坦與安斯康姆。相關論述參見本章「推薦延伸閱讀」第四則。

3 **編按** 一九一六～二〇一三年，英國哲學家，研究領域包括哲學邏輯、倫理學、哲學史等。

4 **編按** 以「行動」（action）為核心哲學理論，討論人類做出意識行為的原因和過程，包括行動的因果理論、非因果性因素、意圖等等。

5 **譯注** 英國設有講席教授（Chair Professor）的職稱，通常是終身制，同一時間只授予一人，通常也擔任院長或系主任的資深教授。

6 **譯注** 在道德哲學中，第一階問題與「我們應該做什麼」有關，第二階問題與「道德的本質與目的」有關。

他們在道德哲學和實際政治問題的態度和做法上存有差異，但讓維根斯坦喜愛安斯康姆的部分原因是，她忠於她的思想獨立性。

這種獨立性安斯康姆的作品中顯而易見，而且不僅體現在獨創性上。她不是那種發展出一個特定的理論體系，然後將其應用於各種主題的哲學家。相反的，正如泰希曼所說的，她「極度傾向於根據每個情況的實質內容來處理」。她大部分的著作都是出於對某些領域現有態度的不滿，以及想要解決被忽視或忽略的重要潛在問題的動力。安斯康姆最尊敬的哲學家不一定是那些她認為獲得正確結論的人，而是那些作品中探討深刻且重要問題的人。她在〈現代道德哲學〉中談到休謨時說，他只是一個詭辯家，儘管是很聰明的一個，不過在注意他的詭辯時，人們會注意到值得進一步探索的事情。用她自己的話說，就是：「由於休謨假裝提出的觀點，因此需要去研究這個明顯的立場。」安斯康姆最為讚賞這種開展新主題的方式，並足以讓休謨在她眼中成為一個「非常深刻而偉大的哲學家，儘管他用的是詭辯法」。

思考「意圖」本質，明辨意圖善惡與行為好壞之關係

雖然安斯康姆的作品經常難以歸類，但她的哲學特色是包羅萬象的企圖心，希望完全

解決我們心理和道德本質的基本問題。為了解決這些哲學難題，她認為分析普通的概念很有幫助，例如我們是如何學習和獲得這些概念，以及如果我們是完全不同種類的存有，我們可能會有什麼概念。

她開創性的著作《意圖》透過調查意圖、預測、動機和原因之間的差異性，來處理能動性（agency）的本質。一九四五年八月，美國總統杜魯門（Harry Truman）決定在日本廣島和長崎市投下原子彈，安斯康姆對其支持者的行為感到困惑，而後寫下了《意圖》。安斯康姆反對牛津大學授予杜魯門榮譽學位的決定，她的理由是這種攻擊在道德上是令人厭惡的。然而，杜魯門在當時獲得了廣泛的支持，因為許多人認為，這是為了結束第二次世界大戰的艱難決定。如同約翰・霍爾丹（John Haldane）[7]所報導的，安斯康姆「得出的結論是，他們未能理解他行為的本質，這促使她寫了《意圖》，她在書中指出，一個人在做一件事（移動他的手）的同時，可能有意在做另一件事（指導人類的死亡）」。

安斯康姆認為，藉由思考如何解釋和證明行為的合理性，最能理解各種有意圖的行為之間的差異。安斯康姆強調以不同概念「描述」這些行動的重要性。例如，想像有一群人雇了一個男人，將井裡的水抽到他們的房子裡。但後來發現，有另一個人想要住在房子裡的人都死掉，所以先前已經對這口井下了毒。在這種情況下，關於這個男人所做的事，有幾種真實的描述：他正在將水抽到這個房子裡，賺取工資，用機器發出咔噠聲，還有導致屋內的人死亡。但為了找出他的意圖，我們必須提出正確的問題，也就是「為什麼」的問題。從另一方面來說，「如何」的問題無法確定他的意圖，但可能提供關於普通因果條件的答案，例如，要在手柄上施加向下的壓力才能操作幫浦。

這讓我們可以確定，哪些行為的描述與評估那個男人的意圖有關。因此，雖然他可能確實導致屋內的人死亡，但這並不是一項他有意圖的行為。另一方面，如果他發現水被下毒，並且毫不理會地繼續將水抽到屋子裡，那麼即使他沒有傷害他們的直接意圖，也可以說毒死居民是他故意的行為；這個人是故意這麼做的，因為他打算把有毒的水抽到房子裡，而毒死居民是那個行為的可預見後果。但是，某些行為的因果關係要與有意圖的行為區分開來，例如，我為了晚餐而烹煮肉丸子屬於刻意行為，而這導致我的狗進入廚房。

安斯康姆對理解意圖的本質很感興趣，而這興趣與意圖的本質在我們所做行為的道德評估中的作用，顯然有密切的關係。安斯康姆在〈現代道德哲學〉一文中，針對當代道德哲學家對待意圖的方式，提出了相當嚴厲的批評。她批評維多利亞時期道德哲學家亨利．

7 編按 一九五四年～，英國哲學家，評論家和廣播家。曾任英國皇家哲學研究所（The Royal Institute of Philosophy）主席。

西季威克（Henry Sidgwick）[8]，因為他認為：人應該被理解為，自願行動的任何可預見後果都算是他的意圖。這種意圖的觀點影響了西季威克的道德論點，即人應該對其自願行為的任何一切可預見的後果負責，無論她是否想要這些後果。安斯康姆認為，西季威克的論點表面上聽起來很有教化作用，但「在這些問題上，是相當糟糕的思想退化的典型特徵」。

安斯康姆指出，西季威克的論點讓我們單憑後果來評估行為的好或壞。然而，這讓人們可以藉由爭論他們並沒有預見這些後果，而為他們惡行最糟糕的實際後果找藉口。安斯康姆和西季威克持不同的看法，她主張：「一個人要為自己**惡**行的不良後果負責，但好的後果不算他的功勞；相反的，他不必為**善**行的不良後果負責。」在安斯康姆看來，西季威克的部分錯誤是，否認可預見的後果和預期的後果之間的區別。此外，她建議，在對有意圖的行為做道德責任評估時，必須考慮某些行為的內在善惡。安斯康姆創造了**結果主義**（consequentialism）一詞來指涉西季威克特有的哲學；儘管她使用這個詞時帶有嘲諷意味，但結果主義已經成為道德哲學的一個重要分支。

安斯康姆在〈現代道德哲學〉中所表達的觀點頗為廣泛，不僅止於反對結果主義，也針對所有當代道德哲學的方法，這些方法依賴於一些我們必須遵守其標準的道德法則。安斯康姆認為，在過去的時代，道德是以宗教法律為基礎，因此引用法律結構是這種時代的延續。然而，如果沒有神聖立法者的概念，對與錯等概念就不再有意義。安斯康姆毫不留情地批評這些觀點，稱彌爾（Mill）的效用原則（principle of utility）是「愚蠢的」，而康德的自我規範觀念是「荒謬的」。安斯康姆認為，在我們對人類心理學有充分的了解之前，繼續探索道德哲學是沒有用的。具體來說，我們需要一個哲學基礎來理解，像我們這樣的生物需要什麼才能長得繁榮茁壯。了解促成人類繁榮的因素將更容易理解，在哪些情況下，哪些行為應該被視為是良善的。基於這一點，〈現代道德哲學〉被廣泛解讀為是一種回歸德行倫理學的呼籲，而這肯定也為菲利帕・福特、阿拉斯代爾・麥金泰爾（Alasdair MacIntyre）[9]和羅莎琳德・赫斯特豪斯（Rosalind Hursthouse）[10]等新亞里斯多德主義學派（neo-Aristotelians）將德行倫理學帶回主流哲學創造了條件。

然而，羅傑・克里斯普（Roger Crisp）[11]等人認為，我們應該把〈現代道德哲學〉解讀為一種「以宗教為基礎的倫理具有優越性」的論點。畢竟，安斯康姆是一位虔誠的天主

---

8 編按 一八三八～一九〇〇年，十九世紀英國功利主義哲學家、倫理學家和經濟學家。

9 編按 一九二九年～，當代倫理學與政治哲學家。

10 編按 一九四三年～，當代德行倫理學的代表哲學家，代表作為一九九九年出版的《On virtue ethics》。

11 編按 一九六一年～，當代英國哲學家。

教徒，她的宗教信仰經常體現在她的哲學思想中。安斯康姆在十二到十五歲之間閱讀了各種神學書籍後，起初皈依了羅馬天主教。正如皈依者經常有的情況一樣，她非常認真地對待自己的信仰。[12]也正是由於這些閱讀，她才對哲學產生了興趣。在十九世紀的文本《自然神學》（*Natural Theology*）中，她讀到兩個讓她感到困惑的論點。第一個是，如果一個人在應該死亡時還沒死去，上帝也會知道他將要做的事。安斯康姆並不相信這樣的事：如果事情與實際發生的情況不同，將有什麼會發生。第二個是關於上帝存在的「第一因」（First Cause）[13]，安斯康姆為了改進這個論點而開始研究哲學。在後來的文章〈避孕與貞操〉（Contraception and Chastity，一九七二年）中，她的信仰和哲學再次結合，文中她再度援引有意圖的行為的概念，說明雖然阻隔（barrier method）避孕法被天主教教義禁止，但是安全期避孕法就不存在這樣的問題。安斯康姆在文章中對墮胎和反自然性行為（sodomy）[14]發表的一些評論引起了爭議，邁克・坦納（Michael Tanner）[15]和伯納德・威廉斯[16]譴責她接受了教宗和教會的腐敗思想。安斯康姆諷刺地對「我友好的鄰居哲學家們」做出了回應。

認真對待爭論到令人敬畏的哲學家

無論是與知名的哲學家、大主教或是和研究生交流，安斯康姆當然都非常認真地看待哲學論證（她曾經寫信給阿瑪〔Armagh〕大主教，指出他在關於維特根斯坦的《邏輯哲學論》的一篇文章中犯的錯誤）。安斯康姆的學生邁克爾・達米特（Michael Dummett）[17]說，她會對他以為她將同意的論點做最激烈的攻擊，有時甚至遠遠超過表定的指導時間。無論對方的地位如何，認真對待爭論是她尊重對話者的一種方式。

---

12 **作者注** 根據一位曾經和她一起做彌撒的神父說，在聖體聖事（Eucharist）的祝聖儀式上，安斯康姆有時會張開雙臂，趴在地上。人們以為她摔倒了，想扶她起來，但她會甩開他們。

13 **譯注** 指事物的根源，首要原因；兩字都大寫時是指神或上帝的神學用語。

14 **編按** 在基督教神學中指違反自然兩性陰道交的性行為，通常指男性之間的肛交，廣義則包括自慰，同性與兩性的口交、指交、肛交，甚至異物癖、人獸交等。

15 **編按** 英國哲學學者，曾任劍橋大學哲學系講師。

16 **編按** 見本書〈艾瑞斯・梅鐸〉註8。

17 **編按** 一九二五～二〇一一年，英國哲學家，英國國家學術院院士，研究領域為分析哲學史、邏輯哲學、語言哲學和形上學。

在男性主導的牛津劍橋哲學圈中，身為一名女性，有時會引起摩擦。安斯康姆的第一篇期刊發表文章，是針對C．S．路易斯（C. S. Lewis）[18]的著作《奇蹟》（*Miracles*，一九四七年）的其中一章提出了評論。她在牛津蘇格拉底俱樂部（Oxford Socratic Club）的一次聚會中朗讀這篇論文，路易斯本人也在場。有人說，這次的聚會是俱樂部史上最為戲劇性的一次，因為安斯康姆對路易斯發動猛烈的攻擊，讓他深受震撼和驚嚇。安斯康姆自己回憶說：「這是針對某些相當明確的批評，進行冷靜的討論。」她還說：「他的一些朋友似乎對實際的論點或主題不感興趣。」閱讀這些相互矛盾的敘述，人們不禁會想，是否真的是因為一位女性對知名作家提出了有見地的論點，而引起了在場紳士們的震驚。

安斯康姆當然遇過一些情況，提醒她是男人世界中的女人。安斯康姆接替維根斯坦擔任哲學系講席教授的第一天，她身著平時穿的褲子和披風走進劍橋學監（proctor）[19]辦公室時，一個職員向她打招呼，問她是不是新來的清潔女工。劍橋服裝規範管理者也不太滿意她穿褲子的習慣，他們告訴她，女性在講課時必須穿裙子。據傳聞，安斯康姆會帶著一條放在塑膠袋裡的裙子來上課，然後把它套在褲子外面。還有一次，當波士頓一家高檔的餐廳告訴她，他們不接受穿褲子的女士入內時，她就乾脆把褲子給脫了。

如果說有一個足以令人生畏的女性哲學家，那一定是安斯康姆，而且從許多方面來看，她都是典型的哲學家。我在這裡沒有足夠的篇幅來告訴你，她範圍廣泛的作品的所有面向，但我強烈建議你花時間親自閱讀部分內容。它一定風趣詼諧、具有挑戰性，同時也是令人很有收穫的。

18 編按 一八九八～一九六三年，英國語言學教授，也是知名作家，以兒童文學作品《納尼亞傳奇》聞名於世。

19 譯注 負責檢查學校一切是否按照規令行事，各行政會議是否按照合法的程序進行。

Elizabeth Anscombe

主要文本

- Wittgenstein, Ludwig, *Philosophical Investigations*, Elizabeth Anscombe (trans.), Oxford: Basil Blackwell, 1953
- Anscombe, Elizabeth, *Intention*, Oxford: Basil Blackwell, 1957; second edition, 1963.
- — 'Modern Moral Philosophy', *Philosophy*, Vol. 33(124), 1958, 1–19
- —*An Introduction to Wittgenstein's Tractatus*, London: Hutchinson University Library, 1959
- — *Three Philosophers: Aristotle, Aquinas, Frege*, with Peter Geach, Oxford: Basil Blackwell, 1961

推薦延伸閱讀

- Driver, Julia, 'Gertrude Elizabeth Margaret Anscombe', *The Stanford Encyclopedia of Philosophy* (Spring 2018 edition), Edward N. Zalta (ed.)
- Ford, Anton, Jennifer Hornsby, and Frederick Stoutland (eds.), *Essays on Anscombe's Intention*, Cambridge, MA: Harvard University Press, 2011
- Teichman, J., 'Gertrude Elizabeth Margaret Anscombe 1919–2001', in *Proceedings of the British Academy*, Vol. 115, *Biographical Memoirs of Fellows, I*, British Academy.
- Teichmann, R. (ed.), *The Philosophy of Elizabeth Anscombe*, Oxford University Press, 2008

本文作者

漢娜・卡內吉—阿布斯那特｜ Hannah Carnegy-Arbuthnott

研究主題為政治哲學、道德哲學與女性主義哲學。她在倫敦大學學院完成哲學碩士與博士學位。是史丹佛大學麥考伊社會倫理家庭中心以及蒙特婁大學倫理學研究中心（Centre de recherche en éthicque）博士後研究員。

Mary Warnock

瑪麗·沃諾克

1924–2019

古爾札爾·巴恩 著
Gulzaar Barn

參與「代孕」政策，推動「生物倫理學」，展現哲學的社會責任

審視自己特權的覺醒青年

儘管本書的目的是要介紹通常被經典所忽視的女性哲學家，但我讀到的第一批哲學書籍中，正好有一本是女性哲學家的作品。這本書是瑪麗·沃諾克的《聰明人的道德指南》（*An Intelligent Person's Guide to Ethics*，一九九八年），是我已經決定在大學要攻讀哲學、在預科學校（sixth form）的最後一年時，父母送給我的。可惜的是，這本書讓我形成了一個相當錯誤的印象，以為哲學總是如此容易理解與清晰。後來我在研究生時期，在撰寫商業性代孕所引起的倫理問題時，特別接觸了沃諾克的作品。我在這時候才知道，沃諾克曾經擔任人類受精和胚胎學調查委員會

（Committee of Inquiry into Human Fertilisation and Embryology，一九八四年）主席，直接促成並影響了《代孕施行法》（*Surrogacy Arrangements Act*，一九八五年）。一個哲學家被任命這麼重要的角色，並對政策產生如此重大的影響，讓我感到非常敬畏。沃諾克將哲學應用於公共領域的做法，真的引起了我的共鳴，並啟發我撰寫這一章的靈感。

沃諾克於一九二四年出生於溫徹斯特（Winchester），是七個孩子中最年幼的一個。她的父親曾在溫徹斯特學院教授現代語言，但在她出生前七個月就去世了。儘管如此，沃諾克在她的回憶錄中描述自己擁有一個「非常快樂的童年」。實際上，沃諾克的成長過程相當優渥：女傭會把飯菜送上樓給她，她和兄弟姊妹有一個保姆，她與保姆建立深厚的情感，另外，她曾就讀日間公學（public day school）[1]和寄宿學校。有趣的是，沃諾克回憶說，她在十五歲時就知道自己是一個「天生的保守黨（Tory）」：「我喜歡打獵；我喜歡歷史悠久的階級制度；我喜歡大教堂。」然而，隨著第二次世界大戰在她的周遭展開，沃諾克覺得縱情於這些「特洛勒普式的天性」（Trollopian instincts）[2]是錯的。她決定要像當下提

---

1 **譯注** 英國不實施寄宿教育的私立學校。

2 **譯注** 指英國維多利亞時代小說家特洛勒普（Anthony Trollope）描繪的上流社會生活方式。

倡的那樣，「審視她的特權」（check her privilege）[3]，並且「覺醒」：「我必須振作起來，承認我的特權和舒適的生活方式是不公平的，開始正確地追求一個沒有階級的社會，思考政治，並成為一個會去參加我隱約想得到的會議的人。到了一九四五年，我已經完全說服自己變成左派了。」這種轉變方式足以讓現代政治運動汗顏！沃諾克補充說，她的丈夫傑佛瑞．沃諾克（Geoffrey Warnock）[4]比她更全心全意地支持左派，也確實在她完成轉變上發揮了作用。傑佛瑞是莫德林學院（Magdalen College）的哲學研究員和導師、哈福特學院（Hertford College）校長，後來成為牛津大學的副校長。

沃諾克在牛津的生活似乎令人眼花撩亂，也令人稱羨。她獲得了獎學金，在瑪格麗特夫人學堂（Lady Margaret Hall）攻讀古典學科學士學位，這是一個以古希臘和拉丁文學、歷史與哲學為重點的大學學位。沃諾克說，如果她沒有上過薩里郡（Surrey）的普萊爾菲爾德學校（Prior's Field School），在那大大提高了她的自信，就不會拿到這項獎學金。這所學校是由赫胥黎（Huxley）家族[5]所創辦，相當關注政治和文化，其家族成員阿道斯（Aldous）和朱利安（Julian）[6]也曾經就讀過。然而，在戰爭期間當一名大學生，並不是那麼愉快。根據戰時的規定，古典學科學士學位不得不縮短通常為期四年的課程。戰爭進一步打亂了沃諾克的學業，離開學校後，她在謝伯恩女子學校（Sherborne School for Girls）教了兩年書，直到瑪格麗特夫人學堂讓她回去為止。在完成大學學位後，沃諾克急忙在一年內完成當時新設立的研究生哲學學士學位（B.Phil）[7]，而不是通常的兩年（對於那些修過哲學學士的人，想到這點肯定會引起焦慮，我在此致歉）。在這之後，沃諾克被選為聖休學院的講師，她的丈夫傑佛瑞則被選為莫德林學院獎學金獲獎人。

對致富價值觀的疑慮

沃諾克任教期間，牛津大學的哲學處於「成功的巔峰期」；哲學學士學位吸引了來自世界各地的畢業生，像菲利帕・福特、吉爾伯特・萊爾（Gilbert Ryle）[8]和J・L・奧斯

---

3 **譯注** 指考慮生活中的這些特權如何影響自己的想法與行為。

4 **編按** 一九二三～一九九五年，英國哲學家，曾任牛津大學副校長。

5 **編按** 知名英國望族，歷代家族成員在科學、醫學、文學、藝術等領域多有卓越成就。早期著名人物為生物學家托馬斯・亨利・赫胥黎（Thomas Henry Huxley，一八二五～一八九五年），以捍衛達爾文學聞名。

6 **編按** 即經典反烏托邦小說《美麗新世界》（*Brave New World*）作者阿道斯・赫胥黎，與英國生物學家、聯合國教科文組織第一屆總幹事朱利安・赫胥黎。兩人為兄弟。

7 **譯注** Bachelor of Philosophy，又譯「小博士」，該學位涉及一定的研究。可以通過完成論文，或者是由導師指導的研究項目而取得。雖然稱為學士，但在大多數大學中，這個學位都被歸類為研究生學位。

8 **編按** 一九〇〇～一九七六年，研究領域為分析哲學中的語言哲學，深受維根斯坦影響，一九四九年出版《心的概念》（*The Concept of Mind*，繁體中文版曾有桂冠出版社版本），批判笛卡兒以降的身心二元論，被認為是當代哲學經典。

汀（J. L. Austin）[9]等人物都曾在迴廊中漫步。沃諾克和她的丈夫與以賽亞．伯林（Isaiah Berlin）[10]、彼得和安．史陶生（Peter and Ann Strawson）[11]夫婦等人交往甚密，並且讓金斯利和希拉蕊．艾米斯（Kingsley and Hilary Amis）[12]夫婦留下來。身為哈福特學院校長的傑佛瑞．沃諾克，甚至請大衛．霍克尼（David Hockney）[13]為他畫肖像。沃諾克回憶說，在這段期間，牛津大學的左翼教授如何與工黨（Labour Party）建立聯繫，並對政策提出建議。實際上，「正是在這些人之間，共同市場的初步輪廓首度得到試探性地討論」。

沃諾克也曾數次與瑪格麗特．柴契爾（Margaret Thatcher）[14]會面。沃諾克在她的回憶錄中充分談論了柴契爾主義，並對於透過削減大學補助金，以及為了滿足產業需求而賦予大學新的責任，造成高等教育瓦解而表示遺憾。關鍵的是，沃諾克大膽說出，柴契爾夫人留下最普遍的功績是「預設了除了不浪費錢，一切都不重要；除了節省和繁榮，沒有其他的價值」。除了相信這與國家有關之外，個人也開始為了他們自己採納這種價值觀。

越來越多的人談論「他們無法拒絕的條件」。當然，這些是他們本來可以拒絕、但不想拒絕的條件，因為這些條件能令他們致富。在這樣的文化中，要跨越誠實和不誠實的致富手段之間的界線，變得越來越容易。如果個人財富普遍被認為是最高價值，那麼取得財富的手段可能會逐漸變得無關緊要。倫敦金融區和股票市場中道德標準的下降，說明了似乎不可避免的事情。

影響英國「代孕」政策，讓生物倫理學持續前進

沃諾克對致富以外的價值觀表達了明確的承諾，例如，一九八四年，她的委員會清楚反對代孕市場化的立場。在英國，根據《代孕施行法》（一九八五年），在商業基礎上洽談代孕是非法的。沃諾克主持的調查所得出的結論是，剝削的危險超過了商業代孕的潛在好處。它指出，將他人視為實現自身目的的手段，「在涉及經濟利益時，會變成積極地剝削」。沃諾克等人似乎認為，代孕不應該在市場的適當範圍內，公司利用代孕可能會構成

9 編按 一九一一～一九六〇年，研究領域為分析哲學中的語言哲學。其著作繁體中文版有《如何以言語行事》，暖暖書屋出版。

10 編按 一九〇九～一九九七年，俄裔英國社會與政治理論家、哲學家。他對馬克思與共產主義的批評，以及關於自由主義和價值多元主義的論述，對後續思潮影響深遠。

11 編按 彼得．史陶生（一九一九～二〇〇六年），英國哲學家，研究領域為語言哲學、心靈哲學。為英國科學院院士、美國藝術與科學學院外籍名譽院士，並因其哲學貢獻而被封為爵士。

12 編按 金斯利．艾米斯（一九二二～一九九五年），英國小說家、詩人、評論家，獲封爵士，代表作為一九五四年出版的《幸運兒吉姆》（*Lucky Jim*），一九八六年以《老魔鬼》（*The Old Devils*）獲得布克獎。

13 編按 一九三七年～，當代知名英國藝術家。

14 編按 一九二五～二〇一三年，英國政治家，是英國第一位女性首相，也是二十世紀英國任期最長的首相。

一種不誠實的致富手段。

雖然商業代孕在英國被禁止，但在其他地方卻蓬勃發展。印度已經成為商業代孕的「領頭羊」，印度工業總會（Confederation of Indian Industry）預測，這個產業現在每年創造的產值達二十三億美元。印度代孕產業的特色是，富有的國際客戶向印度代孕者購買服務，這些代孕者在相對上和絕對上來說都比較貧窮。這個領域的許多哲學研究都指出了印度代孕做法的剝削性質。然而，維達·帕尼奇（Vida Panitch）和史蒂芬·威爾金森（Stephen Wilkinson）[15]等理論家卻迴避提出禁止性的干預，他們認為，剝削性代孕通常是處於非理想的限制條件（non-ideal constraints）下的弱勢女性的最佳選擇。近年來，隨著這個領域的學術研究日益增加，印度政府在代孕問題的立場上有了巨大的轉變，這說明學術界和媒體的關注可能產生了影響。二〇一八年十二月，印度國會下議院通過《代孕（監管）法案》（*Surrogacy*〔*Regulation*〕*Bill*），有效地禁止商業代孕，取而代之的是由當地監管的利他模式，且僅適用於印度國民。

英國本身的代孕法正在接受英格蘭暨威爾斯法律委員會以及蘇格蘭法律委員會為期三年的審查。改革的一個重點領域是，法律的不確定性可能會鼓勵英國居民尋找海外代理孕母。沃諾克後來相當坦率地承認，她認為自己對允許代孕持有「非理性的偏見」，而且她「非常不合理地」聽從了自己的直覺。英國以商業理由禁止代孕，可能導致其他地方出現了相關產業以滿足需求：據報導，英國人是印度代孕產業最大宗的消費者。英國放寬代孕法的做法，就減輕其他國家代理孕母滿足需求的負擔來說，可能有助於重新分配這個問題所帶來的一些現有傷害。然而，如果英國的代孕者也通常是因為社經弱勢而簽約，儘管程度較輕，也可能延續類似的剝削問題。

沃諾克被認為推動了「生物倫理學」（bioethics）這個學科的發展，成為政治、大眾和生物醫學之間的重要中介。生物倫理學通常被理解為研究因生物學、醫學和醫療保健的進步而衍生的問題。在這個範疇下，考慮的問題包括墮胎、安樂死、臨床研究倫理以及稀有醫療資源的分配。鄧肯．威爾遜（Duncan Wilson）[16]提出，生物倫理學的發展以及像沃諾克參與的這類「倫理委員會」，「符合保守黨政府希望加強監控自主行業的期望」。然而，威爾遜認為，這種政治要求「實現了沃諾克的信念，就是哲學家應該致力於實際的問

---

15 編按 這兩位學者的相關論述參見本章「推薦延伸閱讀」第一、二則。

16 編按 曼徹斯特大學（The University of Manchester）科學技術與醫學史中心（CHSTM）高級講師，相關論述參見本章「推薦延伸閱讀」第四則。至二〇二三年，又編寫一則關於瑪麗．沃諾克的簡介，見 Wilson, D., Warnock [nee Wilson], （Helen） Mary, Baroness Warnock: （1924–2019） ,14 Apr 2023, Oxford Dictionary of National Biography. Oxford: Oxford University Press. Research output: Chapter in Book/Report/Conference proceeding › Entry for encyclopedia/dictionary › peer-review.

題。當她被選為政府調查委員會的主席後，立即成為所謂的『生物倫理學』的堅定擁護者：批評生物醫學中的父權制作風，並讚揚外部監督的好處」。

在沃諾克的回憶錄中，她描述了將人類受精和胚胎學委員會的最終報告匯總起來所遭遇的難題。她回憶說，很難達成協議，以及在委員們表示「他們對這點或那點『不滿』之後」，鼓勵成員清楚陳述他們的反對意見，也很困難。沃諾克也指出，這種無法調和歧異的解決方案，並不完全在於尋求一個「正確」的答案，而是提議「一個可行的方案，毫無疑問，有些人會覺得太鬆懈，其他人又覺得太嚴格，而感到遺憾，但無論他們存疑的是什麼，每個人都會準備同意的東西」。

是追求公民利益的社群主義者，也是整合社會對話的入世哲學家

從沃諾克的著作《聰明人的道德指南》的導言中，她感嘆邏輯實證主義（logical positivism）對道德和政治哲學的影響，可以聽出她在面臨眾多阻礙時，對於「達成共識」的渴望。邏輯實證主義是一九二〇年代哲學界興起的一場運動，它認為只有兩種命題是有意義的：一種是必然且客觀上為真的命題，例如數學命題；另一種是經由可觀察的證據驗證為事實的命題，例如從實證科學研究中獲得的事實。這種方法使得道德哲學的價值判斷

變得毫無意義，例如「這個行為是好的／對的／錯的」。畢竟，這樣的陳述無法以這種方法驗證為真或假。沃諾克反對這種貶低主觀的「價值」，支持客觀的「事實」的觀點，她認為，「關於價值，當我們提出這些問題時，我們重視什麼、為什麼，以及『我們』是誰」就是該提出的問題。

與此相關的是，沃諾克也對道德相對主義（moral relativism）感到不安，這個學說認為，道德判斷的真實性或正當性並非絕對，而是相對於某個人或某一群人的道德標準。這種觀點認為，世上存在著深刻而廣泛的道德分歧，而且沒有一套普遍的道德原則可以裁決這些分歧。然而，對於沃諾克來說，「利他主義或無私」是道德的核心。良善不僅僅存在於旁觀者的眼中，更確切地說，「有共同而永久的價值觀，是源自於人性本身」。決策必須以某些公共和社會福祉為目標。這跟沃諾克與柴契爾主義的根本分歧有關：後者所鼓勵的自私破壞了共同利益（common good）的理念。重要的是，這種柴契爾式的自私「很難與真正的文明社會品質相調和」。因此，從本質上來看，沃諾克可以被解讀成是一個社群主義者，主要關注個人在社會群體中的作用，認為促進整體穩定和凝聚的行動可被視為構成了善。

沃諾克描述，《人的精神》（*The Spirit of Man*，一九一六年）一書在她的藏書中，「無疑是最具教育意義的一本書」。該書收錄了莎士比亞的十四行詩、其他詩歌，以及斯賓諾莎、托爾斯泰和柏拉圖的摘錄。她堅信故事的力量可以概括「永恆的、明白易懂的，尤其是共同的」價值觀。沃諾克顯然非常喜歡並深深地感激她自己的學校和大學教育。這似乎也反映在她的信念中，她相信，教育孩子道德以及培養他們的想像力，具有重要的價值。沃諾克於一九七八年在殘障兒童和青少年教育調查委員會（Committee of Enquiry into the Education of Handicapped Children and Young People）中的角色進一步深化了這些感情，並為特殊教育的改革奠定了基礎。這項調查特別鼓勵社會接納，並透過挑戰無益的標籤和教條，來改變我們對殘疾人士的看法。最重要的是，沃諾克強調全民教育的價值，認為它是「每個孩子的必經之路」，重申教育必須以共同利益的理念為目標。

沃諾克相當成功地架構起學術界、國會和科學界之間的對話橋樑。她做到這一點的同時，仍然堅定質疑，作為一個社會，我們應該重視什麼，並探究在追求公民利益時，如何將看似分歧的研究領域整合起來。

Mary Warnock

主要文本

- Warnock, Mary, *An Intelligent Person's Guide to Ethics*, London: Gerald Duckworth & Co. Ltd., 1998
- — *A Memoir: People and Places*, London: Gerald Duckworth & Co. Ltd, 2002
- — *Making Babies: Is There a Right to Have Children?*, Oxford: Oxford University Press, 2003
- — *Ethics Since 1900*, Edinburgh: Axios Press, 2007

推薦延伸閱讀

- Panitch, Vida, 'Global Surrogacy: Exploitation to Empowerment', *Journal of Global Ethics*, Vol. 9 (3) 2013, 329–43
- Wilkinson, Stephen, 'The Exploitation Argument against Commercial Surrogacy', *Bioethics*, Vol. 17(2) 2003, 169–187
- Wilkinson, Stephen, 'Exploitation in International Paid Surrogacy Arrangements', *Journal of Applied Philosophy*, Vol. 33(2), 2016, 125–45
- Wilson, Duncan, 'Creating the "ethics industry": Mary Warnock, *in vitro* fertilization and the history of bioethics in Britain', Biosocieties, Vol. 6 (20), 2011, 121–141
- Surrogacy Arrangements Act 1985

本文作者

古爾札爾・巴恩｜Gulzaar Barn

是倫敦國王學院的博士後研究助理，之前在伯明翰大學（University of Birmingham）擔任哲學講師。她擁有牛津大學哲學博士學位，她的博士研究得到惠康信託基金（Wellcome Trust）資助，在此期間，她也同時擔任倫敦威斯敏斯特國會科學與技術辦公室（Parliamentary Office of Science and Technology）的研究生研究人員。

Sophie Bosede Oluwole

蘇菲·波賽德·奧盧沃

1935–2018

米娜・撒拉米 著
Minna Salami

勇於挑戰現狀，尋回西非古典哲學遺產的哲學家

熱愛智慧的第一位奈及利亞哲學博士

博學和而具有啟發性的蘇菲・波賽德・奧盧沃，是當代約魯巴（Yoruba）古典哲學[1]的塑造者，如果要認真研究她的生平和作品，我們必須從今天奈及利亞約魯巴人的簡史開始，因為這段歷史奠定了她哲學著作的基礎。

最重要的是，要理解奧盧沃的立場，我們應該知道，直到晚近的二十世紀初之前，並沒有奈及利亞的存在，之前約魯巴是奧約帝國（Oyo Empire）的一部分，奧約帝國橫跨現代奈及利亞西南部，一直到

1 **譯注** 約魯巴是西非主要民族之一。

貝南（Benin）和多哥（Togo）。奧約帝國是由許多被它征服的城邦組成，其中之一是翁多州（Ondo State），這是奧盧沃教授於一九三五年的出生之地。

奧盧沃出生時，奈及利亞事實上已經被英國殖民了二十一年。一九一四年，最後一個約魯巴城邦（埃格巴王國〔the Egba kingdom〕）被廢除，整個奧約帝國，連同尼日河（River Niger，它的河流之謎是英國人最初探索這個地區的動機）以北和以東的哈里發國（caliphates）[2]和王國，被合併為一個大殖民地：奈及利亞。

在奈及利亞成立二十一年後，殖民化對出生於翁多州的女孩的童年影響有多大？她會先認定自己是奈及利亞人，還是約魯巴人？在英國統治的那段相對較早的時期，實際上的思想殖民化到什麼程度？或許，從她為什麼被稱為蘇菲的故事，我們可以看出端倪。奧盧沃在八歲之前一直叫做波賽德，但因為她在學校表現非常出色，校長建議她的父親給她改名蘇菲亞，因為他認為她非常聰明，這個名字更適合她。

如果英語的名字被視為一種智慧的象徵，那麼可以肯定地說，殖民教育在這個時候已經留下了印記。奧盧沃的校長建議她改名，更不用提她的家人也同意，這代表殖民心態一定已經對翁多州的生活產生了深刻的影響。事實上，奧盧沃曾經很有個人風格地說過，雖然她為了個人化，把名字從蘇菲亞（Sophia）改成蘇菲（Sophie），但她保留了這個名字，以作為殖民主義帶給她族人的遺跡的證明。

或許是命運的巧合，如果她必須重新命名，至少那是一個構成她將奉獻一生的研究領域的名字，也就是哲學。畢竟，哲學是從「philo」這個字而來，古希臘語的意思是「愛」，而「sophia」的意思是智慧；對智慧的熱愛是奧盧沃最重要的裝備。

然而，引導她走向哲學的是另一種類型的愛。一九六三年，二十八歲的奧盧沃和獲得蘇聯獎學金的第一任丈夫移居莫斯科。她的頭兩個孩子（她後來又生了四個）留在了家裡。她報名大學，但才剛被錄取，她的丈夫就被轉到西德的科隆（Cologne）；奧盧沃再次申請當地學校，但又錯失了機會，因為一年後她的丈夫又被調到美國。當奧盧沃在一九六七年從美國返回奈及利亞時，終於進入了拉哥斯大學（University of Lagos），並獲得了哲學學士和碩士學位。然後她轉到了當時知名的伊巴丹大學（University of Ibadan），並獲得了哲學博士學位——是奈及利亞的大學授予奈及利亞人的第一個博士學位。

到這時候，奧盧沃開始意識到約魯巴思想和非洲哲學。她提出的博士論文題目為〈約魯巴倫理思想的理性基礎〉（The Rational Basis of Yoruba Ethical Thinking）。可惜，由於缺乏專精這個主題的指導教授，她選擇改寫了一篇題目為〈元倫理學與黃金法則〉（Meta-

2 譯注 回教王國的管區。

ethics and the Golden Rule）的論文。這或許是另一個命運的巧合，因為她在互惠倫理學（ethics of reciprocation）上的專長，而且基本上也在「約魯巴思想的理性基礎」主題上奉獻了她的全部作品，後來非洲哲學的化約論（reductionism）[3]和宿命論（fatalism）受到攻擊時，讓她鼓起勇氣出面反擊。

進行知識「聖戰」——以詮釋學開啟非洲哲學研究的第一人

正如奧盧沃自己所說的，她進入非洲哲學的旅程是「受到我在西方哲學的訓練和經驗的啟發」。根據她所受的教育，「非洲人從來沒有創立任何令人信服的哲學傳統」。甚至一九八四年在她的博士畢業聚會上，哲學系主任還恭喜她，終於獲得「談論〔她〕以前一直在講的廢話的許可證」。奧盧沃下定決心，要運用自己的智力來證明這些懷疑論者是錯的，並宣告她正在「進行重新發現、復興、批判、改進以及提升非洲本土知識的聖戰」。

奧盧沃所稱的「聖戰」，指的不僅僅是清晰地去批判西方哲學家，例如在著作中公然

3 **譯注**　又譯「還原論」，是一種哲學思想，認為複雜的系統、事務、現象可以通過將其化解、拆解各部分的方法來理解和描述。

支持種族主義觀點的霍布斯、黑格爾和盧梭等人。她也無所畏懼地抨擊主流的非洲哲學家，例如保林・J・洪通吉（Paulin J. Hountondji）[4]、艾金・馬金德（Akin Makinde）[5]和柯瓦西・維雷杜（Kwasi Wiredu）[6]，認為他們的這些主張——沒有書寫，科學文明就不可能存在（洪通吉）；非洲語言的複雜度不足以應付哲學論述（馬金德）；傳統的理解模式是直覺而不科學的（維雷杜）——都是荒謬和虛構的。她認為，他們「用源自西方思想觀念和傳統的定義，來確定以及／或臧否非洲思想是異端邪說」。

奧盧沃認為，透過詮釋學的進路，也就是應用解釋的理論或方法，就可以在非洲大陸的口傳經典中發現非洲的哲學。除了古埃及、衣索比亞和伊斯蘭的文本外，非洲的認識論是經由諺語、儀式文本、史詩、音樂傳統、創世神話、生活史、歷史敘述和背誦等方式記錄下來，而不是書寫的著作，因此研究這些資料，就可以理解哲學思想。

藉由這個進路，她闡明了約魯巴的口述體裁為什麼夠資格稱為哲學。更具體地說，她主張「伊法全集」（corpus of Ifa）[7]應該被理解為哲學，而非通常被以為的占卜系統，因為它是典型約魯巴哲學主題的概要，例如智慧、正義、時間、人類能動性、命運、民主、厭女症和人權。現在很大程度上以書寫形式存在的伊法全集是一個堪輿系統（geomantic system），有兩百五十六個圖例，還有數千句附屬的韻文。幾千年來，它透過傳統約魯巴哲學家的記憶而保存下來，這些人則被稱為「巴巴拉沃」（babalawos），意思是「深奧知識之父」。

挑戰學院的尋根哲學家

奧盧沃的見解和蠻悍使她成為一個無所畏懼的思想家，而她所任教的拉哥斯大學課堂也很快地就座無虛席。在一個反女性主義的社會裡，身為一名堅定的女性主義者，其受歡迎的程度證明了她的魅力和智慧。畢業十一年後，她已經出版了五本書：《非洲哲學讀物》（*Readings in African Philosophy*，一九八九年），《巫術、轉世和神格（非洲哲學的議題）》（*Witchcraft, Reincarnation and the God-Head*〔*Issues in African Philosophy*〕，一九九二年），《約魯巴傳統思想中的女性》（*Womanhood in Yoruba Traditional Thought*，一九九三年），《民主模式與典範：奈及利亞婦女的經驗》（*Democratic Patterns and Paradigms: Nigerian*

---

4 **編按** 一九四二年～，曾任貝南文化與傳播部長，國家元首特別顧問。著有《非洲哲學：神話與現實》（*African Philosophy: Myth and Reality*）。

5 **編按** 著有《非洲哲學、文化與傳統醫學》（*African Philosophy, Culture, and Traditional Medicine*），一九八八年出版。

6 **編按** 一九三一～二〇二二年，加納哲學家。常被視為當代最偉大的非洲哲學家。著有《哲學與非洲文化》（*Philosophy and an African Culture*），一九八〇年出版。

7 **譯注** 「伊法」（Ifa）是智慧之神的意思，這個系統含有大量的文本與數學公式，每當需要做出個人或集體的重要決定時，就由占卜者解釋相關的符號系統。

Women's Experience，一九九六年），以及《哲學與口述傳統》（*Philosophy and Oral Tradition*，一九九七年）。她所寫的論文和所編的書一樣豐富。

奧盧沃在最近一本著作《蘇格拉底和歐倫米拉：兩個古典哲學的守護者》（*Socrates and Orunmila: Two Patrons of Classical Philosophy*，二〇一五年）中，破天荒地把西方哲學創始人蘇格拉底和伊法全集創作者歐倫米拉兩人拿來做比較。如果沒有留下個人文字著作的蘇格拉底，可以被認為是西方哲學之父，那麼據信時間甚至早於蘇格拉底的歐倫米拉，為什麼不能被認為是非洲哲學之父？蘇格拉底沒有寫下自己的思想，卻徹底改變了希臘哲學，歐倫米拉的話也是由他的門徒以口傳經典的方式傳遞下去；除了這個相似之處外，奧盧沃還採用複雜且經過充分研究過的方式，展現他們的見解有多麼相似。蘇格拉底有句名言：「未經審視的生命，不值得活。」歐倫米拉則說：「諺語是概念性的分析工具。」柏拉圖引蘇格拉底的話說：「至高真理是永恆不變的。」歐倫米拉則說：「真理是不會被推翻的話語。」蘇格拉底說：「只有上帝是明智的。」歐倫米拉也曾指出人類知識的局限性：「知識淵博的人也不知道沙子的數目。」奧盧沃敦促西非重新找回它的哲學遺產，聲稱她在約魯巴傳統中所發現的知識體系，與在西方發現的一樣豐富和複雜。已故的德國哲學教授海因茲・基姆勒（Heinz Kimmerle）[8]為這本書寫下一篇評論，提到：「奧盧沃對蘇格拉底和歐倫米拉的大規模研究顯示，他們的人生和工作有著驚人的相似之處。」

不是每個人都同樣對此感到敬佩。不出所料，奧盧沃的論點遭到了許多哲學家同行的強烈反對。在一次會議上，一位教授評論道，奧盧沃聲稱伊法的韻文是哲學，其說法是「令人尷尬」而「無意義的」（這似乎是她的批評者們最喜歡的一個詞）。但是，奧魯沃從來不是會辭窮的人，她反駁道，就像蘇格拉底一樣，伊法全集和巴巴拉沃可能不是像她的同行和她自己一樣，屬於學術上狹義的哲學家，但他們是人民的哲學家。

事實上，奧盧沃是很罕見的哲學家，她既是學院派哲學家，也是民粹派哲學家。對於這一點，我的證據是，二〇一八年十二月二十三日早上，當我關掉包含這個正在進行中的文章的Word檔，然後打開我的推特推文（Twitter feed），難以置信的是，竟然看到奧盧沃教授逝世的消息，享年八十三歲。似乎很難理解，一名如此擁有活力、睿智和啟發性貢獻的人物，而且我當時還正密切地與之接觸，竟會離開人世。

當然，死亡不會引起爭論。慶幸的是，貢獻也不會。隨著大量的悼念湧入奈及利亞的媒體，我正在寫作的、關於她的哲學思想的影響力毫無疑問變得清晰了。奧盧沃教授的產出已經完成了好的哲學工作真正應該做的：不僅創作了大量具開創性的學術著作，還挑戰現狀，努力消除無知，並提供普羅大眾一個機會，重新去思考他們認為是真實的事。

---

8 編按 一九三〇～二〇一六年，此則評論參見本章「推薦延伸閱讀」第三則。

Sophie Bosede Oluwole

主要文本

- Oluwole, Sophie, *Readings in African Philosophy*, Lagos: Masstech Publishers, 1989
- — *Witchcraft, Reincarnation and the God Head (Issues in African Philosophy)*, Excel, 1992
- — *Womanhood in Yoruba Traditional Thought*, Iwalewa-Haus, 1993
- — *Democratic Patterns and Paradigms: Nigerian Women's Experience*, Lagos: Goethe Institute, 1996
- — *Philosophy and Oral Tradition*, Lagos: African Research Konsultancy, 1997
- — 'African Philosophy on the Threshold of Modernisation': Valedictory Lecture, First Academic Publishers, 2007
- — *African Myths and Legends of Gender* (co-authored with J. O. Akin Sofoluwe), Lagos: African Research Konsultancy, 2014
- — *Socrates and Orunmila: Two Patrons of Classical Philosophy*, Lagos: African Research Konsultancy, 2015

推薦延伸閱讀

- Fayemi, Ademola Kazeem, 'Sophie Oluwole's Hermeneutic Trend in African Political Philosophy: Some Comments'. *Hermeneia*, 2013
- Kelani, Tunde, 'Oro Isiti with Professor Sophie Oluwole' (documentary series), 2016
- Kimmerle, Heinz, 'An Amazing Piece of Comparative Philosophy'. in *Filosofia Theoretica: Journal of African Philosophy, Culture and Religions*, Vol. 3(2), 2014
- Oluwole, Sophie, 'The Cultural Enslavement of the African Mind', in Jeje Kolawole (ed.), *Introduction to Social and Political Philosophy*, 2001

本文作者

米娜・撒拉米｜ Minna Salami

是芬蘭裔奈及利亞記者，透過她獲獎的部落格 MsAfropolitan 傳播非裔移民和奈及利亞婦女等非洲女性主義議題的資訊。部落格創建於二〇一〇年，一直由她主編。

Angela Davis

安吉拉·戴維斯

1944－

安妮塔·L·艾倫 著
Anita L. Allen

即使成為通緝犯仍致力追求正義，當代美國黑人運動的關鍵領袖

成為FBI頭號通緝犯的哲學家

安吉拉·Y·戴維斯（Angela Y. Davis）出生於阿拉巴馬州伯明罕市（Birmingham）。當時，根據州法律，非裔美國人仍然因為種族因素而被隔離，在教育、住房、公共住宅、警察保護和投票等方面，被剝奪了白人所享有的基本公民權利。在那個時代，美國南方許多黑人女性只能立志成為農場工人或家庭女傭，根本不可能預見安吉拉·戴維斯在三十歲時會成為國際上公認的偶像人物，以及一位典型的美國活動家、女性主義者和學院派哲學家。

戴維斯或許是美國黑人權力運動最具代表性的象徵。因為父母的影響以及後來求學的時代，戴維斯接觸到共產主義和社

會主義的理論，然後透過學術研究以及代表黑人、婦女、窮人和弱勢群體的政治活動，畢生致力於理解和描繪美國資本主義國家壓迫的嚴重程度。她是多年的共產黨員，包括在美國自詡為全球共產主義敵人的與蘇聯冷戰和越戰期間。

戴維斯在一九六九年首次獲得全國的關注，當時加州大學（University of California）董事會試圖以她是共產黨員為由，將當時在加州大學洛杉磯分校（UCLA）任教的她解聘。隔年，她成了更知名的麻煩人物——她的面孔出現在聯邦調查局（FBI）的「頭號」通緝犯海報上。她被捲入一樁備受矚目的案件：戴維斯曾經為了安全因素而用自己的名義購買槍枝，但槍枝在她並未同謀的情況下被用於加州馬林郡（Marin County）法院挾持人質事件中，導致數人喪生。她因此成為通緝對象，最終被捕入獄。國際上掀起聲援運動，呼籲釋放獄中的戴維斯。後來戴維斯在陪審團的審判中豁免所有的刑事指控，最終得到釋放。

這些事件及其後果環繞著她的行動主義，與此一樣重要的是，她還藉由連結反種族主義、性別平等和廢除監獄之間的關係，在批判資本主義方面做出重要的學術貢獻。二〇一七年，黑人女性哲學家協會（The Collegium of Black Women Philosophers）在賓州州立大學（Pennsylvania State University）表彰戴維斯。身為加州大學聖塔克魯茲分校（UC Santa Cruz）的名譽教授，她是政治爭議的避雷針，也依然是全國關注的焦點。二〇一九年，她對以色列和巴勒斯坦的觀點——提倡要抵制、撤資和制裁以色列——導致伯明罕民權研究所（Birmingham Civil Rights Institute）取消了對她的一場晚會邀約；在那場晚會上，本來預定要頒發人權獎給她。

非裔女孩的追求智慧之路

在戴維斯的情形中，通往哲學的高峰是一條崎嶇的道路，充滿了各種阻礙與潛在障礙。身為一名在一九四〇和五〇年代成長於阿拉巴馬州伯明罕市的非裔美國女孩，安吉拉·戴維斯受到政府支持的種族主義所壓迫，原本可以很輕易地放低自己的眼界。然而，她的父母很大膽。在一九四八年，他們家成為鎮上第一個搬進先前全是白人的社區的黑人家庭。隨著更多的黑人家庭追隨他們的腳步，這個社區開始被稱為「炸藥山」（Dynamite Hill），反映了這些家庭因為破壞了種族主義階級制度，他們房子屢次遭到轟炸的狀況。戴維斯後來說，童年時目睹的暴力事件，灌輸了她自我防衛的重要性，以及對抗非理性暴力行為的意願。

戴維斯在青少年時期搬到了北方，就讀位於紐約市的伊麗莎白·歐文高中（Elisabeth Irwin High School），這是一所以激進的政治學和教學法而聞名的私立學校，這是戴維斯第一次有系統地接觸到社會主義，她讀了《共產黨宣言》（*Communist Manifesto*），並加入共產主義青年團。高中畢業後，戴維斯獲得全額獎學金進入布蘭迪斯大學（Brandeis University），她在那裡參與抗議活動，並參加爭取種族平等的主流思想家的客座演講，例如詹姆斯·鮑德溫（James Baldwin）[1]和麥爾坎·X（Malcolm X）[2]。雖然戴維斯主修法國文學，但她對卡爾·馬克思（Karl Marx）的哲學，以及影響他和受他影響的思想家們越來越感興趣，促使她攻讀哲學。在布蘭迪斯大學的最後一年，哲學家赫伯特·馬庫塞（Herbert Marcuse）[3]成為她的導師，馬庫塞指導她研究哲學，並鼓勵她去西德法蘭克福大學（University of Frankfurt）繼續攻讀研究所的決定。

戴維斯很樂意去歐洲攻讀研究所。她大學三年級時曾在法國讀書，大學一年級後的暑假也在歐洲度過。雖然戴維斯似乎對海外的求學時光感到滿意，但她在自傳中寫道：「國

---

1 **編按** 一九二四～一九八七年，美國小說家、詩人，劇作家和社會活動家。身為黑人和同性戀者，其作品對於當代美國的種族問題和性解放運動多有關注。

2 **編按** 一九二五～一九六五年，非裔美籍伊斯蘭教教士與非裔美國人民權運動者，被視為美國最偉大與最有影響力的非裔美國人之一。在演講中遇刺身亡。

3 **編按** 一八九八～一九七九年，德裔美國哲學家、社會學家，為法蘭克福學派代表人物之一。六〇、七〇年代對歐美「新左派」(New Left) 思想運動的發展深具貢獻。

內的衝突越激烈，我就越沮喪，因為我只能間接感受到這一切。我正在推展我的研究，也加深了我對哲學的理解，但我卻感到越來越孤立。」導致她產生這種感覺的一個事件是一九六三年九月十五日星期天，在她的家鄉伯明罕發生的第十六街浸信會教堂爆炸案，造成四名女孩死亡，她們曾是她孩童時期的朋友：卡洛爾・羅伯森（Carole Robertson）、辛西婭・衛斯理（Cynthia Wesley）、艾迪・梅・柯林斯（Addie Mae Collins）和卡羅・丹尼斯・麥克奈爾（Carol Denise McNair）。戴維斯當時在法國從報紙上得知這個事件，她在自傳中回憶說，當她的白人同學無法體會伯明罕暴力事件的規模，而這個悲劇只是其中的一部分時，她感到多麼的孤立。

這些來自家鄉的暴力經驗讓戴維斯留下了深刻的印象。一九七二年，她在獄中接受採訪時，追憶起發生在她家附近的爆炸事件，包括她四個朋友的喪生，以及黑人男子帶領武裝巡邏隊以保護家人安全的回憶：「這就是為什麼當有人問我暴力的問題時，我只覺得不可思議。因為這意味著，問這個問題的人完全不知道黑人經歷過什麼，從第一個黑人從非洲海岸被綁架以來，黑人在這個國家遭遇過什麼事。」

黑豹黨與共產黨員，為黑人運動的領袖人物

戴維斯縮短了在法蘭克福的時間，並搬到南加州，在導師馬庫塞的指導下，在加州大學聖地牙哥分校（UC San Diego）繼續研究所的學業，馬庫塞當時已經從布蘭迪斯搬到南加州。她在聖地牙哥拿到了碩士學位，最後在柏林洪堡大學（Humboldt University）得到哲學博士學位。與此同時，戴維斯回到美國後就成了一名政治激進分子。她在學生非暴力協調委員會（Student Nonviolent Coordinating Committee，SNCC）的洛杉磯分會、黑豹黨（Black Panther Party）洛杉磯西區的辦事處，以及加州大學聖地牙哥分校的黑人學生會（Black Student Union）中擔任重要職位。戴維斯成為領袖人物，組織許多集會、示威和行動，要求追究種族暴力和壓迫的責任。戴維斯也領導了洛杉磯SNCC的自由學校（Freedom School），她和其他人在那裡教授「當前黑人運動的發展」和「社區組織技巧」等課程。

參與這些政治團體時，戴維斯面臨到厭女症和性別歧視的現實；「這一直是存在於我政治生涯中的問題。」她在自傳中如此回憶。她說，她因為從事「男人的工作」而受到非常嚴厲的批評。採取主動並憑藉自己的能力成為領導者的黑人女性，威脅到了男性的男子氣概。儘管有這些干擾力量，戴維斯並沒有氣餒，仍在所參與的運動中，樹立起她不容否

認的領導能力。

由於對她參與的某些團體感到挫折，加上長期以來共產主義對她的吸引力，一九六八年七月，戴維斯加入切–盧蒙巴社（Che-Lumumba Club），這是美國共產黨在當地的黑人分會。那年秋天，她開始在加州大學洛杉磯分校教授哲學，卻因承認自己是共產主義者而被解聘。當一名法官發現大學禁止僱用共產黨員的規定違憲時，她得以復職。但校方後來又以不同藉口解僱她，因為大學對她在課堂外發表的言論有異議。

《紐約時報》（*New York Times*）在一九七〇年六月二日的一篇專欄文章痛斥這個決定：「這個舉動將使聽命於雷根（Reagan）州長的校務督導委員會，不僅與洛杉磯大學的教職員，而且與所有捍衛學術自由的人產生衝突。」全國媒體都在報導這個事件，讓戴維斯成為公眾人物，並引發一連串威脅她生命的事件。廣泛的宣傳也波及到她的家人，她的父母失去了朋友，並在伯明罕受到排擠。但是戴維斯並沒有退縮，反而把這種注目當作契機，挑戰當時盛行的傳統反共論述。她發現，共產主義哲學的妖魔化論述並沒有在南加州不富裕的黑人社區裡扎根，「它一定有什麼優點，」她回憶起有個人問她共產主義的相關問題時這麼說，「因為這個人總是試圖說服我們，它是不好的。」

戴維斯也利用她在事件中新獲得的平台，來吸引人們對其他她所熱衷的社會正義問題的關注。她在索萊達兄弟（Soledad Brothers）——這三名非裔美國囚犯被指控殺害了一名獄警——的辯護委員會中扮演了關鍵的角色。戴維斯利用新獲得的知名度對這個案件發聲，事實上，當加州大學洛杉磯分校宣布解聘她的最後決定時，她正在主持一場呼籲釋放他們的集會。

一九七〇年八月，喬治・傑克森（George Jackson，索萊達兄弟之一）的弟弟強納森・傑克遜（Jonathan Jackson）為了救他的兄弟，在法庭上劫持人質，造成一名法官、他本人和另外兩人死亡。戴維斯雖然不在場，並且否認與犯罪有任何的牽連，但槍枝在法律上屬於她，根據加州的一項規定，她被指控綁架和謀殺罪，因為當天的行動使她和強納森一樣有罪。戴維斯逃跑了，但最後還是被逮捕。她為自己的清白進行口頭抗議和自我辯護，並在國際上引起了廣泛要求釋放安吉拉・戴維斯的運動。她在獄中撰寫了有關美國政治犯的本質的文章，並出版了一本經過編輯的作品，收錄了其他人對監獄的批評。書名取自詹姆斯・鮑德溫寄給獄中的戴維斯的一封信：《如果他們早晨來：抵抗的聲音》（*If They Come in the Morning: Voices of Resistance*，一九七一年），這本書動員了對戴維斯的支持力量，並且更大幅提高人們對監獄體系不公平的意識。戴維斯在她的審判庭中，由全部是白人的陪審團宣判無罪。

致力追求正義的行動者

被無罪釋放後，戴維斯成為一名教授，並持續對壓迫的議題大聲疾呼，尤其是關於種族、階級和性別的問題。她的著作《女性、種族和階級》（*Women, Race & Class*，一九八一年）已經成為女性主義的經典，挑戰了關於黑人女性（和男性）的傳統反女性主義和女性主義敘事。她繼續倡導反對「監獄工業複合體」（prison-industrial complex）[4]，並且是廢除監獄的主要支持者，她在《監獄過時了嗎？》（*Are Prisons Obsolete?*，二〇〇三年）提出了論據。這些主題和更廣泛地關於免於壓迫的本質的演講，收錄在《女性、文化與政治》（*Women, Culture & Politics*，一九八九年）、《自由的意義及其他困難的對話》（*The Meaning of Freedom, And Other Difficult Dialogues*，二〇一二年），以及近期的《自由是不斷的鬥爭：弗格森，巴勒斯坦和運動的基礎》（*Freedom is a Constant Struggle: Ferguson, Palestine, and the Foundations of a Movement*，二〇一六年）。

儘管戴維斯多年來在平和的高等教育主流服務中提倡性別、種族和監獄研究，但因其直言不諱的觀點而引起的爭議並不少見。二〇一九年一月，伯明罕民權研究所做出取消邀她出席年度晚會並予以表彰（該獎項以民權運動者佛瑞德·夏特斯沃斯牧師〔Reverend Fred Shuttlesworth〕的名字命名）的決定，讓她登上了新聞。戴維斯在一份聲明中解釋，這個決定是因為她長期支持巴勒斯坦的正義。她不屈不撓，解釋說無論如何她都會回到伯明罕。「儘管伯明罕民權研究所做出了令人遺憾的決定，」她說，「我期待二月份在伯明罕參加另一場活動，這個活動是由那些相信此刻的民權運動必須包含對我們周遭所有不正義現象進行充分討論的人們所組織的。」那個月稍晚，研究所改變了立場，並重新向她發出邀請。

在美國，擁有非洲血統的女性專業學院派哲學家人數仍然很少。安吉拉·戴維斯是第一批獲得哲學博士學位的女性之一。喬伊斯·米契爾·庫克（Joyce Mitchell Cook）[5]和娜歐米·查克（Naomi Zack，查克自認是混血血統）[6]也在一九六〇年代獲得了博士學位，另有少數人在一九七〇年代和八〇年代獲得了博士學位。我在大學時期閱讀馬庫塞、沙特和馬克思的著作，並在一九七四年開始攻讀哲學博士學位時，戴維斯是我聽說過的唯

4 **譯注** 是工業複合體的一種，用來描述美國囚犯人數迅速增加、私人監獄提供商品與服務牟取暴利的現象。

5 **編按** 一九三三～二〇一四年，首位獲得哲學博士學位的非裔美國女性。一九六五年從耶魯大學獲得學位後，成為該大學允許的首位女性助教。

6 **編按** 一九七〇年在哥倫比亞大學取得哲學博士學位。研究領域為廣及種族哲學、認同哲學、女性主義理論和哲學史等。

一位黑人女性哲學家。二〇一七年十一月，在我開始美國哲學協會東部分會（American Philosophical Association Eastern Division）會長當選人的職務不久後，我有幸在黑人女性哲學家協會的第十屆年會上親自見到戴維斯本人，她在這場會議上受到表揚。從我十六歲開始，她的美麗、對正義和智慧的執著便特別激勵著我，我原本並不確定第一次見到她時會發生什麼事。而我發現她溫暖又親切，她在講台上大方公開肯定著我那遠不如她的成就。當我看著她對著一屋子的景仰者演講，其中包括我自己上大學的女兒，我覺得安吉拉·戴維斯現在是、也將永遠是哲學女王，而且很顯然我並不是唯一這樣想的人。

Angela Davis

主要文本

- Angela Y. Davis, (ed.), *If They Come in the Morning: Voices of Resistance*, New Jersey: Third World Press, 1971
- — *Angela Davis: An Autobiography*, New York: Random House, 1974
- — *Women, Race & Class*, New York: Random House, 1981
- — *Women, Culture & Politics*, New York: Random House, 1989
- — *The Angela Y. Davis Reader*, Joy James (ed.), Malden, MA: Blackwell, 1998
- — *Are Prisons Obsolete?*, New York: Seven Stories Press, 2003
- — Interview in *The Black Power Mixtape 1967–1975*, Göran Olsson (dir.), IFC Films, 2011
- — *The Meaning of Freedom, And Other Difficult Dialogues*, San Francisco: City Lights Books, 2012
- — *Freedom is a Constant Struggle: Ferguson, Palestine and the Foundations of a Movement*, Frank Barat (ed.), Chicago: Haymarket Books, 2016
- — 'Statement on the Birmingham Civil Rights Institute', January 7 2019

本文作者

安妮塔・L・艾倫（Anita L. Allen）

是賓州大學法學院（University of Pennsylvania Law School）的亨利・希爾弗曼（Henry R. Silverman）法學教授與哲學教授。她是隱私法、隱私哲學、生物倫理學與當代價值觀的專家，在法哲學、女性權利與種族關係方面的學術研究備受肯定。

Iris Marion Young

艾莉斯·馬利雍·楊

1949–2006

戴絲瑞．林 著
Désirée Lim

關注社會正義，以「結構性不正義」創見確立當代典範

理論和實踐並行的哲學家

關於艾莉斯．馬利雍．楊，我們需要知道幾件重要的事。首先是她非凡的職業軌跡。楊於一九四九年出生於紐約市，二十五歲時在賓州州立大學完成哲學碩士和博士學位。接下來的幾年，楊的人生同樣非常有成效。在二〇〇〇年接受芝加哥大學政治學教授這份最後的職位之前，因為她在女性主義、民主和正義理論方面的見解很有影響力，已經為自己樹立了世界上最重要女性主義思想家的地位。

同時，楊還是一位堅定的政治活動家。對她來說，理論和實踐是密不可分的。楊在第一部開創性的著作《正義與差異政治》（*Justice and Politics of Difference*，一九九〇

年）中，迴避了那些「過於抽象，以至於無法評估實際制度和做法」的理論。她在整個職業生涯中，都因願意將自己的想法置於具體的社會現實中而受人欽佩。理論家無法置身於具體政治生活的混亂和鬥爭之外。值得一提的是，她的著作《包容與民主》（*Inclusion and Democracy*，二〇〇〇年）一開始就描寫了一個令人不舒服的經驗，那是一個在匹茲堡（Pittsburg）寒冷的冬日中徵求公投請願聯署的活動，這是楊所堅持的「自我懲罰」，因為她知道其他許多人也這麼做。受到團結和集體行動的重要性的驅使，楊參與了相當多樣性的草根政治活動，這些社會事業包括女性權利、民權運動、各種反戰運動、非洲債務減免、工人權利和反核運動。

但是艾莉斯不僅僅是著名的哲學家或熱情的活動家，我們還應該了解一些其他的事，才能更貼近艾莉斯．楊這個人。她喜歡爵士樂，經常在芝加哥的酒吧逗留，並在教職員俱樂部為同事們演奏爵士鋼琴。楊的女兒摩根（Morgan）出生時，她在寫給朋友們的信中，歡快地說：「世界上又誕生了一位社會主義女性主義者！」在此精神中，有一件楊的童年故事值得一提。

哲學家的非典型童年

十一歲那年，楊和她的兄弟姊妹唐突地被帶到了一所青少年改造之家。楊的母親因丈夫突然死於腦瘤而悲痛欲絕，在那不久後，她因疏忽兒童而入獄，主要的證據是「酗酒和凌亂的房子」。雖然這是楊的母親第一次被捕，但遺憾的是，這並不是最後一次；他們家中的一場小火災暴露出「散落的紙張、地板上的灰塵和啤酒罐」，她很快又被押走了。楊因此被送到寄養家庭，直到養父突然過世——從政府的角度看來，這立即使她的寄養家庭成為兒童的「惡劣環境」——之後才與母親團聚。

由於一個特殊的原因，楊坦率地回憶起這件事。在她的論文〈房子和家庭：女性主義主題變奏曲〉（House and Home: Feminist Variations on a Theme，二〇〇五年）中，她反思了在父權制的環境下，女人與「家」之間的關係。在這篇文章中，楊同意露西．依瑞葛來（Luce Irigaray）[1]和西蒙．波娃等其他女性主義者的觀點，認為「家」可以成為壓迫女性的來源。畢竟，她的母親被限制在家庭主婦的角色，這個角色讓她主要負責平凡的家務。她不能自由地決定自己的生活，為了支持丈夫和孩子，她被期待要進行「持家的工作」，

1 **編按** 一九三〇年～，法國女性主義者、哲學家、語言學家、心理學家、社會學家。

也就是「煮飯、打掃、熨燙和縫補」。在這種背景下，楊的母親被監禁並與孩子分離，這顯示對於膽敢反抗這些期望的女性來說，懲罰會有多麼的殘酷。

然而，對於喚起人們注意到楊的人生中的這個部分，我有不同的理由。首先，它瓦解了人們經常有的概念，認為哲學家擁有優渥的童年。我相信，這是關於**哲學家是誰**這個更廣泛臆測的重要部分：他們是有錢的白人，早期的天賦從小就受到溫柔地栽培，他們的學術追求也幸福地不受任何形式的苦工或貧困所干擾，更不用說被強行帶去青少年改造之家。

更重要的是，我很想知道，楊早年的困境對她的才智發展是否並未形成太大的阻礙，反而是**塑造**了它。上述事件明顯引發許多深刻的哲學問題，所有的問題都占據了楊的心思。卡斯坦・J・斯圖爾（Karsten J. Struhl）[2]在他感人的〈給艾莉斯・楊的信〉（Letter to Iris Young，二〇〇九年）中，也提出了這種可能性。正如斯圖爾指出的，雖然我們永遠無法知道答案，但我們仍然可以繼續從她的作品中，構建關於艾莉斯・楊是誰的概念。而即使楊主要的理論關注是受到一連串完全不同事件的啟發，我相信重新了解童年的悲劇，有助於確立它們的重要性。為此，有必要將她的一些重要貢獻與這部分的人生故事連結起來。

2 編按 一九四三年～，任職於紐約市立大學（CUNY）約翰・傑伊刑事司法學院（John Jay College of Criminal Justic），研究社會和政治哲學、倫理學和知識論。他這篇文章收入本章「推薦延伸閱讀」第二則內。

從「壓迫和支配」的社會關係，到「結構性不正義」，思考社會正義的進路

首先，為了思考社會正義，《正義與差異政治》強調人與人之間的社會關係。在認知到物質不平等或剝奪的重要性的同時，楊認為不正義還有其他的根本因素：即**壓迫**（oppression）和**支配**（domination）。對楊來說，壓迫是「對自我發展的制度性約束」。人們面臨的壓迫包括受制於社會條件，讓他們無法「在社會認可的環境中，學習與使用令人滿意而廣泛的技能」，或「抑制（他們）與別人玩耍和溝通的能力，或在別人可以傾聽的情況下，表達他們對社會生活的感受和觀點」。另一方面，支配是「對自決的制度性約束」；如果他人擁有不對稱的權力，可以決定我們行動的條件，我們就是生活在支配的結構中。

為什麼有必要擴大我們對不正義的理解？楊的母親只是因為不整潔，政府就把孩子從她身邊帶走，她無疑遭受了極大的不正義對待。然而，這並非源於**物質**匱乏。在〈房子和家庭〉一文中，楊謹慎地強調，他們「在拿到保險和社會安全補助金後並不貧窮，只是一團糟」。確切的說，她的母親似乎受到周遭人的社會**壓迫**和**支配**。在第一種情況下，大家都忽略了她會說三種語言的能力和擁有碩士學位；而只是根據她把房子收拾得如何來評判

她。最重要的是，在丈夫去世後，無論是尋求迫切需要的情感支持，或是解釋說，儘管髒亂，她的孩子還是得到了很好的照顧，她就是無法向鄰居、警察和兒童福利機構表達她的悲痛。簡而言之，父權制的社會情況阻礙了她自我發展和自我表達的重要形式。同時，單方面的決定將楊和她的兄弟姐妹交給政府和寄養機構。看起來，楊的母親對於**她的**孩子應該去什麼地方，完全沒有發言權。以這樣的方式，楊的不正義社會模型有助於我們理解，這種親子分離的情況有什麼問題。

後來，楊開始對她所稱的「結構性不正義」感到興趣。在她死後出版的最後一本書《正義的責任》（*Responsibility for Justice*，二〇一一年）中，她以「珊迪」（Sandy）這個虛構案例來思索：她是一位單親媽媽，被趕出公寓，正在盡力尋找新的租屋。珊迪找到唯一負擔得起、像樣而安全的公寓，距離她的工作地點太遠，因此必須將部分租金拿去支付汽車費用。此外，雖然珊迪申請了住房補貼，但她被告知等待時間大約要兩年。最後，珊迪別無選擇，只能租一間比她希望的還要小的公寓。在這個過程中，她面臨最後一個障礙：她必須支付三個月的租金才能租到公寓，這是典型的房東原則。然而，她已經把所有的積蓄拿來買車，因此無法租下公寓，現在眼看就要面臨無家可歸的情況。

楊相信，這個故事「只要稍作更動，就可能在美國數十萬的人身上重演」。她認為發生在珊迪身上的事，不僅僅是不幸或不便，而是**道德上的錯誤**。讓珊迪置身在難堪的處境，是不正義的。楊認為，為了理解這一點，我們需要從根本上修正對於錯誤行為的預設。通常，當其他人對我們做出錯誤行為，我們會認為自己遭受到道德上的錯誤待遇；例如，珊迪是被房東騙走了金錢而變得無家可歸。你也可以說，當我們受制於特定的不公法律或政策時，我們便受到委屈；例如，珊迪是因為種族因素而被明確地禁止租公寓。但是，如同楊所指出的，所有與珊迪打交道的人（例如房東和公寓仲介）都對她很有禮貌，她也並不是因為某條不公的法律而面臨無家可歸的威脅。更精確地說，珊迪的處境是一種特殊的**不正義的社會結構**所造成，而這個結果是由大量的個人依照公認的規範和規則行事而產生的。即使這些人都沒有對珊迪做出錯誤行為，也沒有故意讓珊迪無家可歸，但經由他們行為的總和所創造的社會結構，仍然對她的居住前景產生嚴重的影響。這大幅限制了她的選擇，以至於基本上她無法為自己和孩子找到一個家。換句話說，正如楊有力地主張，我們需要挑戰的是整個社會結構，而不是試圖責怪任何一個人或政策。

雖然楊沒有明確指出其間的關聯，但這與她母親經歷的情況極為相似。就和珊迪的狀況一樣，楊的母親遭受了嚴重的結構性不正義，也就是長期與孩子分離，而這是由於個人遵守既定的規則和規範所造成的，例如，警察和兒童保護服務只是履行他們的職責，鄰居們根據大眾對女性的普遍期待來評估她的行為。楊對這些情況的討論，不僅強調努力改變社會結構的重要性，還有批判我們的日常行為，以及這些日常行為可能無意中促成某些社會狀況的必要性。

楊在二〇〇六年突然死於食道癌，在此不久之前，她仍然出差參加講座和會議。楊的作品不僅揭示了哲學如何闡明和表達生活經驗，而且透過小心地應付日常的掙扎，它會變得更細緻而豐富。我們應該效法她的榜樣。

Iris Marion Young

主要文本

- Marion Young, Iris, *Justice and the Politics of Difference*, Princeton, New Jersey: Princeton University Press, 1990（繁體中文版《正義與差異政治》，商周出版）
- — *Intersecting Voices: Dilemmas of Gender, Political Philosophy and Policy*, Princeton, New Jersey: Princeton University Press, 1997
- — *Inclusion and Democracy*, Oxford, New York: Oxford University Press, 2000
- — *Global Challenges: War, Self-Determination and Responsibility for Justice*, Cambridge; Malden, Massachusetts: Polity, 2007
- — *Responsibility for Justice*, Oxford: Oxford University Press, 2011
- Marion Young, Iris, and Jaggar, Alison M.(eds.), *A Companion to Feminist Philosophy*, Malden, Massachusetts: Blackwell, 2000

推薦延伸閱讀

- Alcoff, Linda M., 'Dreaming of Iris', *Philosophy Today*, Vol. 52, 2008
- Ferguson, Ann, and Nagel, Mechtild (eds.), *Dancing with Iris: The Philosophy of Iris Marion Young*, Oxford: Oxford University Press, 2009
- La Caze, Marguerite, 'Iris Marion Young's Legacy for Feminist Theory', *Philosophy Compass*, Vol. 9(7), 2014

本文作者

戴絲瑞・林（Désirée Lim）

是賓州州立大學哲學系助理教授，也是洛克倫理學研究院（Rock Ethics Institute）的研究助理。戴瑞絲曾經在史丹佛大學麥考伊社會倫理中心擔任博士後研究員。二〇一六年六月在倫敦國王學院取得哲學博士學位。

Anita L. Allen

安妮塔·L·艾倫

1953–

伊爾韓·達爾 著
Ilhan Dahir

深入分析隱私權，擔任歐巴馬政府顧問的哲學權威

當隱私權成為重要當代議題

當安妮塔·艾倫被問到她的家鄉在哪裡時，她提到了華盛頓州沃登堡（Fort Worden），以及夏威夷斯科菲爾德軍營（Schofield Barracks），然後是定居的喬治亞州的班寧堡（Fort Benning），她在二〇一七年接受克利佛德·索西斯（Clifford Sosis）採訪時說道：「那是我父母親埋葬的地方，我對那個地方很有感情。」[1]重要的是，要注意到，一個人可以稱很多地方為家，那是同時在好幾個地方看到一種實質的熟悉感的能力。正是這種意識貫穿於安妮塔·艾倫龐大的學術研究工作中。她

1 參見本章「推薦延伸閱讀」第一則。

有足夠寬廣的視野，能夠對當代法律和道德做出敏銳而新穎的觀察，而且她的觀察擁有令人意想不到的特殊性，幾乎立即就成為重要的學術經典。

安妮塔·艾倫以其開創性的研究在學術界廣為人知。她目前是賓州大學法學院的亨利·希爾弗曼（Henry R. Silverman）[2]法學教授與哲學教授，但最知名的身分可能是哲學學科中隱私分支（privacy subfield）的創立者。她的學術工作已經產出一些關於這個主題的重要文本。事實上，毫不誇張地說，如果沒有提到她的影響力，就不可能對當代的隱私哲學進行完整的討論。她的著作包括《不安的接觸：自由社會中的女性隱私》（*Uneasy Access: Privacy for Women in a Free Society*，一九八八年），這是第一本由美國哲學家寫的關於隱私的專著，以及最重要的隱私法教科書《隱私法和社會》（*Privacy Law and Society*，二〇〇七年），被稱為「最全面的美國隱私和數據保護法教科書」。直到今天，仍然沒有其他書可以比得上它的廣度。

然而，這篇專門介紹艾倫學術工作的篇章，既是關於她對回答未解問題的貢獻，也是關於她的著作對我們提出的問題產生了多麼深遠的影響。根據加布列·賈西亞·馬奎斯

---

2 編按 一九四〇年～，美國投資銀行家、企業家和慈善家。一九九八年，他向賓州大學法學院捐贈了一五〇〇萬美元，為當時美國法學院金額最大的一筆直接捐款，用於支持建物翻修、提供獎學金，並提供以其命名的法學教授席位。

（Gabriel García Márquez）[3]的觀點：「所有人都有三種生活：公開的、私人的和祕密的。」隱私問題就是當前迫切的，也是個人的。三重意識（tripartite consciousness）的概念在所有的人際互動之間運作，但大部分未被命名，因此在檢視生活經驗的任何一個面向時，都增加了風險。雖然自我劃分、向大眾隱瞞自己的某些面向，或者為世界保留某些性格，在日常生活中是必要的，但在數位時代，也出現了新的道德問題。我們在跨越公開的、私人的和祕密的面向時，建構了多少自我？我們對這種自我構建擁有多少所有權？在越來越緊密連結的世界中，從社群媒體、科技發展、智慧手機應用軟體到網路的廣泛使用，這一切似乎都削弱了我們保有真正隱私感的能力。

事實上，如同艾倫有一次在阿斯本研究所（The Aspen Institute）的演講中所說的：「隱私權已經踏入墳墓。」然而，這個說法並不是出於對未來的隱私問題抱持悲觀態度；反而是對現有狀態的清晰評估。艾倫的學術研究提出，雖然隱私權在今天看來是不確定的，卻是人類經驗中的重要概念。她在《不受歡迎的隱私：我們必須隱藏什麼？》（*Unpopular Privacy: What Must We Hide?*，二〇一一年）中大膽地主張：「隱私在當代生活中是如此的重要，卻被如此的忽視，以至於雖然是在擁抱自由主義和女性主義的民主國家，也可以合理執行拯救任務，包括為不情願的受益人的利益而制定含有父權思想的隱私法。」艾倫並不是簡單地檢視隱私在我們生活中的作用，而是推翻了這個概念的界限，詢問人們傾向於保護哪些隱私，忽略了哪些隱私，以在維護這項權利時，良好的治理該發揮的作用。

保護自己的資訊隱私是種道德責任

儘管隱私問題在今天受到廣泛的討論，但隱私權並不是一個受學理保護的概念。事實上，我們所知道的「隱私權」，最早是由美國的路易斯·布蘭迪斯（Louis Brandeis）和山謬·華倫（Samuel D. Warren）[4]在一八九〇年的《哈佛法律評論》（*Harvard Law Review*）中做了主要討論，他們認為，雖然在並置普通法和美國憲法的權利法案（Bill of Rights）中沒有正式說明，但是可以推論出隱私權的情況。華倫和布蘭迪斯的文章成為隱私研究的轉折點，被小哈利·卡爾文（Harry Kalven Jr.）[5]譽為「最有影響力的法律評論文章」。這是最早試

---

3 **編按** 一九二七～二〇一四年，二十世紀最有影響力的作家之一，一九八二年諾貝爾文學獎得主，為拉丁美洲魔幻現實主義文學的代表人物，代表作為《百年孤寂》，繁體中文版由皇冠出版。

4 **編按** 布蘭迪斯，一八五六～一九四一年，一九一六起擔任美國最高法院大法官，是首位擔任此職的猶太裔美國人，直至一九三九年退休。華倫，一八五二～一九一〇年，美國律師和商人。兩人所寫的評論文章〈隱私權〉（The Right to Privacy），將隱私權主要表述為「不受干擾的權利」，公認是美國第一篇倡導隱私權的出版文章，也被認為是「美國法律史上最有影響力的文章之一」。

5 **編按** 一九一四～一九七四年，美國法學家，二十世紀最具影響力的法律學者之一。他與查爾斯·格雷戈里（Charles O. Gregory）合著的《侵權行為案例和材料》（*Cases and Materials on Torts*），為侵權行為領域廣泛使用的教科書。

圖總結「隱私」這個含糊術語的嘗試之一，同時也努力定義它經常變動的邊界。重要的侵權法學者威廉・洛伊德・普羅瑟（William Lloyd Prosser）[6]提出一個知名的論點，他認為這樣的簡化會完全偏離核心，因而提出隱私是四種獨立的侵權行為（導致法律責任的不法行為）的集合：第一，為了被告的利益而盜用原告的身分；第二，讓大眾對原告有不正確的理解；第三，公開揭露有關原告的私人事實；第四，不合理地侵犯原告的僻靜或獨處狀態。這四個一般規則只是以被稱為「不被打擾的權利」（right to be left alone）的概念鬆散地整合起來。

然而，艾倫認為是亞倫・威斯汀（Alan Westin）[7]的《隱私與自由》（*Privacy and Freedom*，一九六七年）以及露絲・加維森（Ruth Gavison）[8]於一九八〇年在《耶魯法律期刊》（*Yale Law Journal*）發表的一篇文章，啟發了她寫出《不安的接觸：自由社會中女性隱私》一書，而這本書被認為是第一次由學院派哲學家深入分析隱私的著作，並為艾倫在哲學中創造隱私分支奠定了基礎。這本書探討了隱私的意義以及在現代生活中發揮的作用，同時還包含了同儕著作中所欠缺的公共政策態度。

艾倫本身的教育開始於新學院（New College），這是一所位於薩拉索塔（Sarasota）的小型文理學院，她在那裡對人文學科產生了興趣。她在新學院遇到了她的第一批導師，包括美國實用主義者B・格雷沙姆・萊利（B. Gresham Riley）[9]、歐陸哲學教授道格・伯格倫（Doug Berggren）[10]，以及分析哲學家布萊恩．諾頓（Bryan Norton）[11]，諾頓將她介紹給魯道夫．卡爾納普（Rudolf Carnap）[12]，這位思想家啟發了她以駁斥形而上學作為大學論文的主題。在諾頓的建議下，她立志攻讀博士學位。不久以後，艾倫被密西根大學

---

6 **編按** 一一八九八～一九七二年，曾任加州大學伯克利分校法學院院長。其著作《普羅瑟論侵權行為》（*Prosser on Torts*），一向公認為是侵權法領域的領先著作，至今仍廣泛使用，現在版本為《普羅瑟和基頓論侵權行為（第五版）》（*Prosser and Keeton on Torts, 5th edition*）。

7 **編按** 一九二九～二〇一三年，哥倫比亞大學公共法與政府名譽教授，包含《隱私與自由》在內的開創性著作，推動了六〇、七〇年代的美國隱私立法，以及許多民主國家發起的全球隱私運動。

8 **編按** 一九四五～二〇二〇年，以色列人權專家，耶路撒冷希伯來大學法學教授，並獲得國家頒布的最高文化榮譽「以色列獎」。

9 **編按** 一九三八年～，哲學教授，曾於一九六五至一九七五年任職於新學院。日後曾任科羅拉多學院（Colorado College）校長。

10 **編按** 一九三〇～二〇一七年，哲學教授，一九六四年起任職於新學院，直到二〇〇〇年，退休後仍以名譽教授偶爾授課。

11 **編按** 一九四四年～，喬治亞理工學院（Georgia Institute of Technology）公共政策學院的哲學與政策學傑出榮譽教授，曾於一九七〇至一九八六年任職於新學院。研究專長為生態哲學、環境倫理、生物多樣性政策、永續發展理論等。曾任職於美國環保署科學顧問委員會的環境經濟學諮詢委員會。

12 **編按** 一八九一～一九七〇年，德裔美國分析哲學家，邏輯實證主義代表人物，維也納學派的重要成員之一。

（University of Michigan）哲學系錄取，開始了她的學術生涯。她獲得了福特獎學金（Ford Fellowship），並完成了博士學業。抵達安娜堡（Ann Arbor）後，艾倫的求知欲和學業成就讓她迅速晉升為學生中的領袖人物，被選為教師委員會的研究生代表。她在密西根大學時期，學術表現優異，即使在面對性別和種族歧視，也充分把握她所遇到的每一個機會，之後當她在職場施展抱負時，這些問題會再次出現。無論如何，她在二〇一七年接受克利佛德·索西斯的採訪時表示，她「充分運用一切」，並開始在卡內基美隆大學（Carnegie Mellon University）從事教育工作。

雖然現代關於隱私法、隱私倫理和法律哲學的討論，已經有很大的發展，但艾倫的具體進路留下了不朽的印記。隨著新科技的快速發展，社交範圍透過網路而擴大，以及國家監控能力的擴張，隱私的討論每年都變得越來越複雜。艾倫的著作《不受歡迎的隱私：我們必須隱藏什麼？》呈現通訊科技在隱私方面的道德顧慮。艾倫開創性的著作《不安的接觸》，為深入探討隱私概念多面向的本質建立了條件，尤其是著重在由一九六〇年代的女性主義思想領袖所提出的私人與公共的區別。隱私的研究，尤其是結合法律和倫理來理解時，已經取得了進展。艾倫身為隱私法、生物倫理學和隱私哲學的專家，她的法哲學學術研究在推動這些領域的進展上產生了重要的影響。

科技發展已經遠遠超過我們在個資保護上的進步，在這樣的世界裡，隱私和科技已經成為密不可分的問題，一個社會要如何在鼓勵科技進步的同時，又保持健全的權利維護？艾倫在二〇一三年的文章〈保護自己的資訊隱私是一種道德責任？〉（An Ethical Duty to Protect One's Own Information Privacy?）中，提出了這個不確定的討論領域，她從揭露的角度思考這個問題，將討論從簡單地保護資訊隱私，推向了更困難的道德問題，即個人是否有「責任」或「義務」保護自己的隱私。根據這樣的思考，隱私既是一種責任，也是公民出於自重而採取的一種做法。

獲歐巴馬政府任命的生物倫理研究顧問

艾倫在著作中清楚表明，隱私問題是一個同時要考慮倫理、政治和社會因素的問題。正是這個原因，她的工作引起了學術界的共鳴，同時也使她成為其他領域的專家和最重要的思想家。在二〇一〇年，她的成果獲得了美國最高部門的認可，被歐巴馬（Obama）總統任命為生物倫理問題研究總統委員會（Presidential Commission for the Study of Bioethical Issues）成員。這個委員會是由歐巴馬政府設立，目的是針對生物倫理相關的議題提供諮詢。

艾倫作為一名能力優秀的法律和哲學學者，由於她的學術研究已經對學術圈產生開創性影響，因此對這些領域產生了雙倍的貢獻。第一對她來說並不陌生。她是第一位同時擁有哲學博士和法學博士學位的非裔美國女性，也是第一位擔任美國哲學協會東部分會會長、獲美國國家醫學科學院任命、身為隱私哲學意見領袖之一的黑人女性。她擁有雙重的榮譽，在為明天的女哲學家開闢領域的同時，也為今天的領域做出深刻的貢獻。在阿斯本研究所的演講中，艾倫繼續說道，雖然「隱私權已踏入墳墓……但我們的孫子會將隱私從淺淺的墳墓中挖掘出來」。當後人夢想著曾經與隱私共存的「獨處、思想獨立和保密」時，我相信他們會訴諸艾倫精闢的學識來照亮道路。正是這個原因，我對隱私的未來，以及那些使它復甦的人抱持樂觀態度。

Anita L. Allen

主要文本

- Allen, Anita L., *Uneasy Access: Privacy for Women in a Free Society*, Lanham, Maryland: Rowman & Littlefield, 1988
- — *Why Privacy Isn't Everything: Feminist Reflections on Personal Accountability*, Lanham, Maryland: Rowman & Littlefield, 2003
- — *The New Ethics: A Guided Tour of the Twenty-First Century Moral Landscape*, New York: Miramax Books, 2004
- — 'Forgetting yourself', in Cudd, Ann E., Andreasen, Robin O., *Feminist Theory: A Philosophical Anthology*, Oxford, UK; Malden, Massachusetts: Blackwell Publishing, 2005, 352–364
- — *Unpopular Privacy: What Must We Hide? (Studies in Feminist Philosophy)*, Oxford: Oxford: Oxford University Press, 2011
- — "An Ethical Duty to Protect One's Own Information Privacy?", *Alabama Law Review*, 64 (4), 2013, 845-866
- Allen, Anita L &, and Regan, Jr., Milton C., (eds.) *Debating 'Democracy's Discontent': Essays on American Politics, Law, and Public Philosophy*, Oxford: Oxford: Oxford University Press, 1998
- Allen, Anita L. and Turkington, Richard C., *Privacy Law: Cases and Materials*, Eagan, Minnesota: West Group, 2002

推薦延伸閱讀

- Sosis, Clifford, 'What Is It Like to Be a Philosopher?', September 2017, www.whatisitliketobeaphilosopher.com/anita-allen
- Yancy, George, 'The Pain and Promise of Black Women in Philosophy', June 2018, www.nytimes.com/2018/06/18/ opinion/black-women-in-philosophy.html
- Yancy, George, *African-American Philosophers: 17 Conversations*, New York: Routledge, 1998

本文作者

伊爾韓・達爾（Ilhan Dahir）

是一位作家與研究員，目前正在牛津大學攻讀她在全球治理與外交的第二個碩士學位。她於二〇一六年獲得羅德獎學金（Rhodes Scholarship），並於二〇一七年完成難民與強迫遷徙研究的碩士學位。

Azizah Y. al-Hibri

阿齊爾·Y·阿爾希布里

1943-

尼瑪・達爾 著
Nima Dahir

思索《古蘭經》去父權化詮釋，找出伊斯蘭法理學和女性主義思想的關鍵交會

美國首位擔任法律教授的穆斯林女性

在現在這個時代，閱讀有關伊斯蘭法學、法學理論或哲學時，幾乎不可能不提到當前充滿爭議和分歧的全球政治情勢。關於這種政治情勢的性質，以及它對現代世界一些重大問題的啟示，相關的討論變得越來越令人困惑；這必然是一種多層次的論述。因此，伊斯蘭法律的研究需要政治、倫理**和**哲學的分析。雖然很多思想家嘗試解決這樣的需求，提出多面向而細緻的方法，但本章將專門介紹現代最偉大的伊斯蘭哲學家之一，阿齊爾·Y·阿爾希布里博士的生平和貢獻。在一個論述強調性別、伊斯蘭教與其關係的時代，阿爾希

布里是研究女性與伊斯蘭教交會處的重要學者。她的作品對當代哲學有極重要的貢獻，應該得到更多的表彰。

阿齊爾・Y・阿爾希布里博士是黎巴嫩裔美國法學教授，專注在人權和伊斯蘭法理學。她在一九六六年畢業於貝魯特美國大學（American University），拿到哲學學士學位。隨後，一九七五年，她在賓州大學獲得哲學博士學位，並在那裡擔任哲學教授，後來在一九八五年回去攻讀法律學位。一九九二年，阿爾希布里被列治文大學（University of Richmond）T・C・威廉斯法學院（T. C. Williams School of Law）聘為副教授，成為美國第一位擔任法律教授的穆斯林女性，這是一個不應該被低估的成就。

阿爾希布里的研究重心是伊斯蘭法律與性別平等的交叉點。她大部分的學術研究可以總結為在尋求一個問題的答案：伊斯蘭法學要如何融入二十一世紀？在整個職業生涯中，她都在審視伊斯蘭法律的制訂和維護與性別平等及全體人權的相容。

因此，阿爾希布里對伊斯蘭法學經典做出了重大貢獻。她的工作為法律讀者釐清和定義了伊斯蘭法理學的原則，同時也批判宗教文本的歷史詮釋推進了父權思想的地位。在理解現代以信仰為基礎的法律推理上，阿爾希布里的工作相當重要，因為她檢視了父權思想對宗教詮釋方式的影響。她在一九九七年的文章〈伊斯蘭教、法律和習俗：重新定義穆斯林婦女的權利〉（Islam, Law and Custom: Redefining Muslim Women's Rights）中主張，許多剝奪女性權利的伊斯蘭法理學（例如離婚法的裁決、家庭暴力和一夫多妻制），是基於父權思想（且因此，是錯誤的）的詮釋。阿爾希布里的研究反而堅稱，伊斯蘭的法律傳統有足夠的彈性，可以反映穆斯林婦女的現代生活與信仰。

伊斯蘭法理學與《古蘭經》脫離父權的當代詮釋可能

伊斯蘭教的一個基本信條是接受《古蘭經》（*Quran*）為神的命令，也是上帝不變的話語。因此，《古蘭經》是穆斯林日常生活的主要宗教文本，重要的是，也是伊斯蘭法理學的依據。《古蘭經》不明確的地方，穆斯林法學者會求助先知穆罕默德（Muhammad）的言行（稱為**聖訓**〔ahadith〕）。《古蘭經》和《聖訓》都主張全人類平等，這被解釋為，允許社會的文化習俗也有其重要性。然而，阿爾希布里聲稱，與《古蘭經》和先知傳統相衝突的文化習俗，經常深植在穆斯林國家的法律中。這種文化和宗教文本之間的混淆，威脅到這些國家的婦女的自主權，並且由於人們普遍害怕去質疑似乎是基於宗教詮釋的法律，而難以拔除這種混淆。阿爾希布里主張，由於缺乏適當的宗教教育，使得文化和宗教之間的混淆長期存在，並反過來透過這些法律壓制婦女。最重要的是，伊斯蘭教沒有正式的神職人員或等級制度。因此，在伊斯蘭傳統中，所有具備必要知識的穆斯林，都被允許（而且鼓勵）加入自己對宗教文本的理解和詮釋。因此，可能存在很多不同但同樣有效的詮釋。

阿爾希布里從中東國家成文法的各種不同詮釋觀察到這一個現象。她從伊斯蘭法理學的視角檢視這些法律的有效性，得出的結論是，許多法律受到了父權思想的不當影響。伊斯蘭教的詮釋會為了適應特定社會的環境，因而允許在各種不同的文化下進行靈活的解釋，所以也允許父權文化的解釋，這有助於形成理解和執行的方式。

阿爾希布里所審視的女性與伊斯蘭教之間的關係，是一種根植於過去的關係。縱觀整個伊斯蘭歷史，不同的社會和政治情況深深影響了伊斯蘭教的詮釋方式，也進一步影響了伊斯蘭教的實踐方式。阿爾希布里認為，真正的伊斯蘭教並不是父權思想的，但歷史事件已經將伊斯蘭教的實踐轉變為父權思想。阿拉伯半島的前伊斯蘭時期（稱為Jahiliyyah，或「無知的時代」）深陷在父權思想的傳統中，殺害女嬰和一夫多妻制相當普遍。阿爾希布里在一九八二年的論文〈伊斯蘭女性歷史研究：或者我們是如何陷入這場混亂的？〉（A Study of Islamic Herstory: Or how did we ever get into this mess?）中提到，伊斯蘭教如何藉由削弱父權思想的階級制度，以無論性別、種族、國籍或族裔，人人平等的宗教關係取而代之，從根本上改變了阿拉伯半島的文化。然而，阿爾希布里認為，在先知死後，文化重新進入了宗教論述，隨之而來的還有父權思想。那麼，阿爾希布里的工作就非常重要：她重新審視了如果擺脫父權思想的控制，伊斯蘭教會是什麼樣貌。

審視伊斯蘭思想與西方性別、法律思想的關聯性

阿爾希布里也撰寫了大量關於穆斯林女性與西方思想的關係的文章。更明確地說，她發表了許多關於西方女性主義和它與穆斯林世界的關係，以及女性主義與穆斯林女性的關係的著作。她認為，殖民化改變了穆斯林世界大部分現有的社會結構，讓它接觸到不同的宗教信仰和文化價值觀。然而，阿爾希布里並不承認西方價值觀的優越性。相反的，她認為穆斯林女性（甚至是男人）面臨的問題是：促進社會進步的同時，還要保持他們的獨特文化。她進一步指出，西方的女性主義所關注的是女性權利的世俗主張，有可能讓穆斯林婦女在西方和穆斯林占多數的國家中被忽視。

伊斯蘭和西方法律思想之間的關係也引起了阿爾希布里的興趣。她認為，歐洲大部分的法律思想是受到西方與伊斯蘭文明接觸的啟發。她觀察到，美國最初的立國前提與伊斯蘭價值觀之間有很多相似之處，意味著美國法律基礎的架構，借鏡了伊斯蘭法理學。從這些觀察中阿爾希布里得到的結論是，民主與伊斯蘭價值觀非常相容，因此，穆斯林世界可以成功地進行民主實驗。

美國和伊斯蘭價值觀的相容性與平等對話

身為一名在美國研究伊斯蘭法理學的學者，阿爾希布里占據了一個相關性日益重要的獨特學術場域。穆斯林美國人要如何融入更大的美國敘事？身為一名移民美國的黎巴嫩人，阿爾希布里談到了自己在年輕的學生時期萌生了想成為美國人的渴望。在她的理解中，政教分離、民主以及憲法賦予所有人的權利等這些美國價值觀，都反映在伊斯蘭傳統中，因此啟發了她的研究生涯。她的工作由一項基本信念所形塑：美國和伊斯蘭價值觀之間具有相容性。因此，在這個對於穆斯林在美國的地位的討論日趨激烈的時代，阿爾希布里的工作比以往任何時候都更重要。她小心地做出結論，指出美國和穆斯林的身分認同之間沒有根本的不一致，因此她的工作在經典中確立了許多美國穆斯林已經知道的事：他們不僅受益於美國，美國也從伊斯蘭價值觀的傳播中受益。

除了對學術界作出了重大的貢獻，阿爾希布里也致力於縮短她的研究與現實世界之間的落差。她創立了KARAMAH：穆斯林婦女人權律師組織（Muslim Women Lawyers for Human Rights），這個組織的目的是提升穆斯林婦女的學識和領導能力，使她們能夠在社群內促進積極的改變。她還是《伊帕蒂亞：女性主義哲學期刊》（*Hypatia: A Journal of Feminist Philosophy*）的創始編輯，至今這仍是一本非常成功的哲學期刊。

阿齊爾・Y・阿爾希布里博士的工作致力於了解伊斯蘭法理學的基礎，以及它被用在壓抑穆斯林婦女的方式。無論是在穆斯林世界還是在西方世界，針對伊斯蘭女性以及她們與國家的關係，她的研究和貢獻形成了很多的學術對話。在一個試圖比較西方和伊斯蘭價值觀而日益分裂的世界中，阿爾希布里的學術工作對於縮短這些價值體系之間的差距相當重要。作為伊斯蘭法理學和女性主義的開拓者，對於這些相對尚未被充分研究的主題的哲學經典，阿爾希布里做出了重大貢獻。我自己身為一名美國穆斯林女性，阿爾希布里對於伊斯蘭思想創新和不可缺少的研究，有助於我理解自己的信仰以及它在美國背景下的實踐。宗教學術研究在很多的詮釋下蓬勃發展中，她作為一名訓練有素的哲學家，對伊斯蘭文獻提供了重要的解釋，也形成並增加了我自己的伊斯蘭讀物。她對西方和伊斯蘭政治、法律和歷史思想的比較工作，為進一步的研究奠定了基礎。阿爾希布里博士對哲學和法律的貢獻不勝枚舉，而且意義重大。

Azizah Y. al-Hibri

主要文本

- Al-Hibri, Azizah Y., *Women and Islam*, Oxford: Pergamon Press, 1982
- — 'A Study of Islamic Herstory: Or How Did We Ever Get Into This Mess?' In *Women's Studies International Forum*, 5(2), 1982, 207–219
- — *Islamic Constitutionalism and the Concept of Democracy*, Case W. Res. j. Int'l L., 24, 1992
- — 'Islam, Law and Custom: Redefining Muslim Women's Rights', *American University International Law Review*,12 (1), 1997, 1–44
- — 'Islamic and American Constitutional Law: Borrowing Possibilities or a History of Borrowing?', *U. Pa. J. Const. L.*, 1, 492, 1998
- — 'Is Western Patriarchal Feminism Good for Third World/Minority Women?', in *Is Multiculturalism Bad for Women?* by Susan Moller Okin, Princeton University Press, 1999
- — 'An Introduction to Muslim Women's Rights', in *Windows of Faith: Muslim Women Scholar-Activists in North America*, Gisela Webb (ed.), Syracuse University Press, 2000
- — 'Muslim Women's Rights in the Global Village: Challenges and Opportunities', *Journal of Law and Religion*, Vol. 15, 2001, 37–66

推薦延伸閱讀

- Al-Hibri, Azizah Y., Carter, S., Gabel, P. and O'Hare, J., Panel Discussion: Does Religious Faith Interfere with a Lawyer's Work? *Fordham Urban Law Journal*, 26, 1999, 985–1018
- Interview with Azizah Y. al-Hibri, on *NOW with Bill Moyers*, New York: WNET, 2002
- Haddad, Yvonne Y., 'The Post-9/11 "Hijab" as Icon', *Sociology of Religion*, 68(3), 2007, 253–267

本文作者

尼瑪・達爾｜ Nima Dahir

是史丹佛大學的社會學博士生，研究移民社群中的不平等現象。她以優異成績畢業於俄亥俄州立大學（Ohio State University），擁有數學與經濟學位。她之前曾在紐約的聯邦儲備銀行（Federal Reserve Bank）擔任分析師。她是一個以輔導年輕難民為主的組織「難民」（Refuge）的共同創辦人。

更多的哲學家女王

歷史上如果沒有數以千計，也有數以百計的女性哲學家，但是我們在這本書只能納入其中的二十位。因此，在這裡列出更多的哲學家女王清單，供你研究和享用。

- 加爾吉·瓦查克納維（Gargi Vachaknavi，大約西元前七世紀，印度人）
- 舍米斯托克麗（Themistoclea，大約西元前六世紀，希臘人）
- 克羅頓的西雅娜（Theano of Croton，大約西元前六世紀，希臘人）
- 馬洛尼亞的喜帕奇雅（Hipparchia of Maroneia，大約西元前四世紀，希臘人）
- 墨伽拉的尼加拉特（Nicarete of Megara，大約西元前三世紀，希臘人）

- 昔蘭尼的托勒密（Ptolemais of Cyrene，生卒未詳）
- 盧卡尼亞的艾薩拉（Aesara of Lucania，大約西元前四或三世紀，希臘人）
- 謝道韞（大約三或四世紀，中國人）
- 亞歷山大的聖凱薩琳（Saint Catherine of Alexandria，287-305，埃及人）
- 以弗所的索西帕特拉（Sosipatra of Ephesus，四世紀，希臘人）
- 艾德西亞（Aedesia，五世紀，希臘人）
- 愛洛依絲（Héloïse d'Argenteuil，十一至十二世紀，法國人）
- 賓根的聖賀德佳（Hildegard of Bingen，1098-1179，德國人）
- 阿卡・瑪哈德維（Akka Mahadevi，1130-1160，印度人）
- 錫耶納的聖加大利納（Saint Catherine of Siena，1347-1380，義大利人）
- 圖利婭・達拉戈納（Tullia d'Aragona，1501/05-1556，義大利人）
- 亞維拉的德蘭（Teresa of Ávila，1515-1582，西班牙人）
- 莫德拉塔・豐特（Moderata Fonte，1555-1592，威尼斯人）
- 巴特蘇亞・馬金（Bathsua Makin，1600-1675，英國人）
- 安娜・瑪麗亞・范・舒爾曼（Anna Maria van Schurman，1607-1678，荷蘭人）
- 凱瑟琳・特羅特・科克本（Catharine Trotter Cockburn，1679-1749，英國人）

- 波西米亞的伊麗莎白（Elisabeth of Bohemia，1618-1680，神聖羅馬帝國人）
- 瑪格麗特・卡文迪什（Margaret Cavendish，1623-1673，英國人）
- 安妮・康威（Anne Conway，1631-1679，英國人）
- 加布里埃爾・蘇慶（Gabrielle Suchon，1632-1703，法國人）
- 胡安娜・伊內斯・德・拉・克魯茲（Sor Juana Inés de la Cruz，1648-1695，墨西哥人）
- 達馬里斯・馬薩姆（Damaris Masham。1659-1708，英國人）
- 拉內拉格夫人（凱瑟琳・瓊斯）（Lady Ranelagh〔Katherine Jones〕，1615-1691，愛爾蘭人）
- 沙特萊侯爵夫人（Émilie du Châtelet，1706-1749，法國人）
- 奧蘭普・德古熱（Olympe de Gouges，1748-1793，法國人）
- 蘇菲・德・孔多塞（Sophie de Condorcet，1764-1822，法國人）
- 瑪麗・謝潑德女士（Lady Mary Shepherd，1777-1847，英國人）
- 娜娜・阿斯毛（Nana Asma'u，1793-1864，非洲奈及利亞北部人）
- 祕魯的弗洛拉・特里斯坦（Flora Tristán of Perú，1803-1844，法國人）
- 維多莉亞・魏爾比（Victoria Welby，1837-1912，英國人）
- 艾達・威爾斯（Ida B. Wells，1862-1931，美國人）

- 奧爾加・哈恩-內拉特（Olga Hahn-Neurath，1882-1937，奧地利人）
- 蘇珊・史蒂賓（Susan Stebbing，1885-1943，英國人）
- 海倫・梅茨格（Hélène Metzger，1889-1944，法國人）
- 蘇珊・蘭格（Susanne Langer，1895-1985，美國人）
- 索非亞・雅諾夫斯卡婭（Sofya Yanovskaya，1896-1966，蘇聯人）
- 瑪麗亞・科科申斯卡—盧特馬諾瓦（Maria Kokoszyńska-Lutmanowa，1905-1981，烏克蘭人）
- 瑪格麗特・麥克唐納（Margaret MacDonald，1864-1933，英國人）
- 西蒙・韋伊（Simone Weil，1909-1943，法國人）
- 瑪格麗特・馬斯特曼（Margaret Masterman，1910-1986，英國人）
- 伊莉莎白・蓮恩・畢茲莉（Elizabeth Lane Beardsley，1914-1990，美國人）
- 菲利帕・福特（Philippa Foot，1920-2010，英國人）
- 露絲・巴坎・馬庫斯（Ruth Barcan Marcus，1921-2012，美國人）
- 維蓮娜・埃絲特-胡伯戴森（Verena Huber-Dyson，1923-2016，美國人）
- 希薇亞・溫特（Sylvia Wynter，1928-，牙買加人）
- 朱蒂斯・賈維斯・湯姆遜（Judith Jarvis Thomson，1929-2020，美國人）

- 維吉尼亞・海爾德（Virginia Held，1929-，美國人）
- 艾蜜莉・羅蒂（Amélie Rorty，1932-2020，美國人）
- 蘇珊・桑塔格（Susan Sontag，1933-2004，美國人）
- 奧德雷・洛德（Audre Lorde，1934-1992，美國人）
- 瑪格麗特・巴廷（Margaret P. Battin，1940-，美國人）
- 安妮塔・西爾弗斯（Anita Silvers，1940-2019，美國人）
- 石黑英子（Hidé Ishiguro，1931-，日本人）
- 朵洛西・艾金頓（Dorothy Edgington，1941-，英國人）
- 烏瑪・查克拉瓦蒂（Uma Chakravarti，1941-，印度人）
- 奧諾拉・奧尼爾（Onora O'Neill，1941-，英國人）
- 莎拉・布羅迪（Sarah Broadie，1941-2021，英國人）
- 加亞特里・查克拉沃蒂・斯皮瓦克（Gayatri Chakravorty Spivak，1942-，印度人）
- 派翠西亞・徹蘭（Patricia Churchland，1943-，英國人）
- 羅莎琳德・赫斯特豪斯（Rosalind Hursthouse，1943-，英國人）
- 南希・卡特萊特（Nancy Cartwright，1944-，美國人）
- 蘇珊・哈克（Susan Haack，1945-，美國人）

• 蘇珊・莫勒・奧金（Susan Moller Okin，1946-2004，美國人）
• 伊娃・基塔（Eva Kittay，1956-，美國人）
• 琳達・扎格澤布斯基（Linda Zagzebski，1946-，美國人）
• 瑪莎・納思邦（Martha Nussbaum，1947-，美國人）
• 阿德里安娜・卡瓦雷羅（Adriana Cavarero，1947-，義大利人）
• 派翠西亞・希爾・柯林斯（Patricia Hill Collins，1948-，美國人）
• 瑪格麗特・厄本・沃克（Margaret Urban Walker，1948-，美國人）
• 蓋爾・芬恩（Gail Fine，1949-，美國人）
• 莎莉・哈斯蘭格（Sally Haslanger，1955-，美國人）
• 塞拉・本哈比卜（Seyla Benhabib，1950-，美國人）
• 克莉斯汀・柯斯嘉德（Christine Korsgaard，1952-，美國人）
• 蘇珊・沃爾夫（Susan Wolf，1952-，美國人）
• 珍・漢普頓（Jean Hampton，1954-1996，法國人）
• 羅西・布拉伊多蒂（Rosi Braidotti，1954-，義大利人）
• 朱迪斯・巴特勒（Judith Butler，1956-，美國人）
• 伊莉莎白・安德森（Elizabeth Anderson，1959-，美國人）

- 克里斯蒂娜・夏普（Christina Sharpe，1965-，美國人）
- 雷・蘭頓（Rae Langton，1961-，英國人）
- 安琪・霍布斯（Angie Hobbs，1961-，英國人）
- 米蘭達・弗里克（Miranda Fricker，1966-，英國人）
- 賈斯比爾・普爾（Jasbir Puar，1967-，美國人）
- 珍妮佛・索爾（Jennifer Saul，1968-，英國人）
- 莎拉・艾哈邁德（Sara Ahmed，1969-，澳大利亞人）
- 席西兒・法布爾（Cécile Fabre，1971-，法國人）
- 凱瑟琳・索菲亞・貝爾（Kathryn Sophia Belleu，1978-，美國人）
- 凱特・曼恩（Kate Manne，1983-，澳大利亞人）

致謝

在一次令人沮喪的英國當地書店之旅後，我們第一次有了製作《哲學家女王》的念頭，但是沒有什麼能夠讓我們為過去兩年的旅程做好準備。在這個簡短的篇幅裡，我們無法公平對待所有幫助過我們的人；然而，我們不能不對一些人致上謝意。

首先，我們要感謝所有支持我們這本書的群眾募資活動的人。由於所有集資者的信任和鼓勵，《哲學家女王》才能夠存在，我們感到非常幸運，能夠與您分享這段旅程。

如果沒有 Unbound 的夢幻女性團隊 Katy Guest、DeAndra Lupu 和 Georgia Odd 的大力支持和友誼，以及我們才華橫溢的插畫家 Emmy Smith，這個計畫就不可能實現。感謝你們給我們機會，你們對這本書的熱情，也讓我們所有人可以一直努力工作到最後。

還有很多人以評論草稿並提供學術專業知識的方式來支持我們，使這本書既嚴謹又通俗易懂：Kim Henningsen、Samatha Rose Hill, Mary Townsend、Theo Kwek、Mia Tong 和 Jade (Ngoc) Huynh。我們也要感謝 Vivek Kembaiyan 協助艾倫教授撰寫安吉拉・戴維斯這個篇章的草稿。

如同往常一樣，像這樣的計畫需要家人和朋友的共同付出。感謝我們美好的父母、室友、同事和朋友，以及所有傾聽我們的害怕、挫折和興奮的人：謝謝你們。特別向我們生活中無所畏懼的女性大聲說：你們為我們提供了源源不絕的靈感。Rebecca 要特別感謝她更好的另一半 Ivan，他總是不斷給予支持、鼓勵與喜悅。Lisa 要特別感謝她的媽媽 Charyl 和姊姊 Ali，她們是她最初，也是最寶貴的女性主義榜樣。

最後，要感謝我們最初的哲學老師 Matthew Kelly 和 Gabrielle Crisp。沒有他們，以及我們與他們在課堂上滋長的友誼，包括我們自己，我們就不會研究哲學，也不會成為我們今天所成為的女性。謝謝你們。

哲學家女王

20位追求真理、自由、正義、性別平權，讓世界變得更好的哲學家

THE PHILOSOPHER QUEENS

The Lives and Legacies of Philosophy's Unsung Women

作　　者　蕾貝卡・巴斯頓（Rebecca Buxton）
　　　　　麗莎・懷廷（Lisa Whiting）
譯　　者　陳麗雪
內頁插畫　艾咪・史密斯（Emmy Smith）

社　　長　陳蕙慧
副 社 長　陳瀅如
總 編 輯　戴偉傑
主　　編　李佩璇
封面設計　朱疋
內文排版　李偉涵
行銷企劃　陳雅雯、張詠晶

出　　版　木馬文化事業股份有限公司
發　　行　遠足文化事業股份有限公司（讀書共和國出版集團）
地　　址　231 新北市新店區民權路 108-4 號 8 樓
電　　話　(02)2218-1417
傳　　真　(02)2218-0727
Email　service@bookrep.com.tw
郵撥帳號　19588272 木馬文化事業股份有限公司
客服專線　0800-221-029
法律顧問　華洋法律事務所　蘇文生律師
印　　製　漾格科技股份有限公司

初　　版　2024 年 1 月
定　　價　420 元
ISBN　9786263145528（平裝）
EISBN　9786263145603（EPUB）
　　　　9786263145597（PDF）

國家圖書館出版品預行編目 (CIP) 資料

哲學家女王 : 20位追求真理、自由、正義、性別平權，讓世界變得更好的哲學家 / 蕾貝卡 . 巴斯頓 (Rebecca Buxton), 麗莎 . 懷廷 (Lisa Whiting) 主編 ; 陳麗雪譯 . -- 初版 . -- 新北市 : 木馬文化事業股份有限公司出版 : 遠足文化事業股份有限公司發行 , 2024.01
272 面 ;14.8x21 公分
譯自 : The philosopher queens.

ISBN 978-626-314-552-8(平裝)

1.CST: 哲學 2.CST: 女性傳記 3.CST: 學術思想

109.9　　112020634